Mirko Krüger
Tatort Thüringen

KLARTEXT

Mirko Krüger

Tatort Thüringen

Thüringer Geschichte,
erzählt in 20 Kriminalgeschichten

Umschlagabbildung:
Der Prinz und sein Mörder: Auf Befehl des fränkischen Königs Chlothar wird der thüringische Prinz getötet – um die Jahre 550/555. Der Meuchelmord wird auf einem Kirchenfenster in der Kirche der heiligen Radegunde von Poitiers (Frankreich) dargestellt (Ausschnitt).

1. Auflage November 2011

Satz und Gestaltung:
Klartext Medienwerkstatt GmbH, Essen

Druck und Bindung:
Aalexx Buchproduktion GmbH, Großburgwedel

© Klartext Verlag, Essen 2011
ISBN 978-3-8375-0654-9
Alle Rechte vorbehalten

www.klartext-verlag.de

Inhalt

6. Jh.	Gemeuchelte Könige (Thüringen, Frankreich)	8
1388	Lustmord im Siechenhaus (Erfurt, Remda)	16
1455	Der Prinzenraub (Altenburg)	26
1567	Raubritter im Bettkasten (Gotha)	35
1669	Dämonischer Taumel (Arnstadt)	44
1715/16	Die Satansjünger (Jena)	54
1780	Das Phantom der Rhön (Kaltennordheim, Weilar, Dermbach)	62
1792	Das Gewebe der Bosheit (Jena)	70
1812	Vagabunden in Napoleons Domäne (Erfurt, Kerspleben, Töttleben, Heldrungen, Walschleben, Gispersleben) . . .	77
1818–1820	Mörder aus Vaterlandsliebe (Jena, Eisenach, Mannheim)	82
1830	Läßliche Criminalisten (Hayn, Weimar, Erfurt)	92
1856	Ich bin ein Schlemihl (Heiligenstadt)	98
1910/11	Der Zwitter-Mörder (Ohrdruf, Eisenach, Untermaßfeld)	105
1911	Das Duell am Uhufelsen (Rudolstadt)	117
1912–1943	Hochstapler auf der Titanic (Erfurt)	127
1920–1925	Das Verbrecheralbum (Eisenach)	136
1945–2001	Hoheit ließen verscherbeln (Gotha, Coburg)	143
1965–1969	Der Henker von Warschau (Warschau, Urbach)	153
1992	Cranach. Der Kunstraub (Weimar)	156
2009–2011	Dienstausweis Nr. 1393 (München, Erfurt)	160
	Quellen	163
	Bildnachweis	169

Zum Geleit

Was hat der Untergang des Luxusdampfers ›Titanic‹ im Jahre 1912 mit Thüringen zu tun?

Eigentlich nichts, könnte man meinen und zur Erklärung auf die Geografie verweisen. Thüringen verfügt zwar über nahezu alles, was ein Land attraktiv macht – allerdings nicht über einen direkten Zugang zum Meer. Doch dann taucht aus dem Dunkel der Geschichte ein Thüringer auf und gibt sich als Überlebender der Titanic aus. Mehr noch: Er sei es, dem viele der Geretteten ihr Leben zu verdanken hätten.

Die Geschichte des einst berühmten, inzwischen nahezu vergessenen Hochstaplers Max Dittmar ist einer der Thüringer Kriminalfälle, die dieses Buch neu erzählt.

Es war kein geringerer als Friedrich Schiller, der das Genre des Pitaval in Thüringen begründet hatte. Der Dichter gab ab 1792 in Jena vier Bände mit merkwürdigen Kriminalfällen heraus. Doch keine der von Schiller ausgewählten Geschichten handelte in Thüringen oder gar von Thüringern.

Insgesamt 20 Fälle versammelt der vorliegende Band. Es sind ausnahmslos Thüringer Kriminalgeschichten. Prinzen werden entführt und Könige ermordet. Wir folgen den Spuren eines legendären Räubers und denen eines Mannes, der aus Vaterlandsliebe zum Mörder wurde. Kriminalgeschichten, so stellte Schiller seinem Pitaval voran, besäßen stets ›den Vorzug der historischen Wahrheit‹.

Diesem Anspruch fühlt sich ›Tatort Thüringen‹ in besonderer Weise verpflichtet. Sämtliche Beiträge dieses Buches folgen exakt der historisch verbürgten Überlieferung. So werden immer wieder auch zeitgenössische Dokumente zitiert: Gerichtsakten, Kirchenbücher, Briefe, Tagebücher und schließlich sogar das Gnadengesuch eines Raubmörders. All diese Passagen fließen meist direkt in den erzählerischen Text ein. Sie sind zur besseren Erkennbarkeit stets in kursiver Schrift gesetzt worden.

Gemeuchelte Könige

Einige der ältesten bekannten Schriftquellen über das Thüringer Königreich lesen sich wie ein frühmittelalterlicher Krimi. Zwei Könige liegen in ihrem Blut. Ihr Bruder, der mutmaßliche Täter, stürzt von einer Stadtmauer zu Tode. Schließlich wird auch noch ein Prinz ermordet.

Wem gibt man die Schuld, wenn ein Königreich in Blut und Asche versinkt? Wer hat den Mord an zwei Thüringer Königen angestiftet? Wem ist damit letztlich auch anzulasten, dass einige Jahre später der Mörder sowie sein Neffe, ein Prinz, gemeuchelt werden?

Natürlich kommt dafür einzig und allein eine Frau infrage. Wer auch sonst …

Ihr Name ist Amalaberga, die letzte Königin der Thüringer.

So zumindest sagt es die vor allem von Männern geprägte Überlieferung. Amalaberga sei ein böses und grausames Weib gewesen, urteilt Bischof Gregor von Tours in den *Decem libri historiarum*, in einer vielbändigen Chronik.

Immer und immer wieder habe Amalaberga Zwist zwischen Thüringens Königen, es sind gemeinsam regierende Brüder, genährt. Als etwa eines Tages ihr Gatte Herminafrid *zum Mahle kam, fand er den Tisch nur halb gedeckt, und da er sie fragte, was das bedeuten solle, antwortete sie: Wer das halbe Reich nicht sein nennt, muss auch den Tisch nur halb gedeckt haben.*

Der Prinz und sein Mörder: Auf Befehl des fränkischen Königs Chlothar wird der thüringische Prinz getötet – um die Jahre 550/555. Der Meuchelmord wird auf einem Kirchenfenster in der Kirche der heiligen Radegunde von Poitiers (Frankreich) dargestellt. Das darauf folgende Motiv zeigt Radegunde am Sarg.
Sie war die Schwester des Getöteten.

Angestachelt durch solche Worte, so wähnt der Bischof, habe Herminafrid mit seinem Erzfeind, dem fränkischen König, eine Intrige gegen seinen Bruder Baderich geschmiedet.

Als es darauf zum Kampfe kam, *unterlag Baderich und sein Heer, und er selbst verlor durch das Schwert sein Leben.*

Einige Zeit zuvor soll bereits der dritte König ein ähnliches Schicksal erlitten haben. *Herminafrid bezwang seinen Bruder Berthachar mit Gewalt und tötete ihn.*

Mord und Totschlag am Königshof: Sofern die Chroniken nicht lügen, ist dies ein wenig erbaulicher Rückblick auf die Wurzeln des Freistaats. Es gibt nur wenige Schriftquellen über das Reich, das im sechsten Jahrhundert existiert hat. Die aber triefen vor Blut …

Amalaberga also. Vermochte die Königin tatsächlich derartiges Unheil anzuzetteln?

Eines steht zweifelsfrei fest: Die Königinnen-Würde hatte Amalaberga einzig und allein aus dem Kalkül der Macht heraus erlangt. Sie, eine Nichte Theoderichs, des Königs der Ostgoten und damit Italiens, wurde zwischen den Jahren 506 und 510 mit *Herminafredo regi Thoringorum* verheiratet. Damit sollte das Bündnis zwischen zwei mächtigen Reichen bekräftigt werden – nicht zuletzt als Gegenpol zu den machthungrigen Franken.

Theoderich regiert südlich der Alpen. Die Herrschaft der Thüringer erstreckt sich weit über jetzige Landesgrenzen hinaus, nach Norden bis etwa Hannover, nach Süden bis zur Donau.

Es ist Herminafrid, der die Ostgotin zur Frau erhält. Nicht Baderich und auch nicht Berthachar. Gut möglich, dass dies darauf verweist, dass Herminafrid nach dem Tod seines Vaters Bisin als Oberherrscher regierte. Die Brüder könnten – bis zur ihrer Ermordung – eine Nebenregentschaft ausgeübt haben.

Amalaberga sei, so jubiliert ihr Oheim Theoderich in einem auf Latein abgefassten Brief, *wohlkundig der Wissenschaft und feinen Sitte, strahlend im Glanze ihrer Ahnen und leuchtend durch die wahre Würde der Frauen.*

Ihre Hochzeit mit Thüringens König ist zugleich eine Ehe der Kulturen. Amalaberga war christlich erzogen worden. Herminafrid und seine Brüder indes gelten als *natione barbara de regione Thoringa.* Als Barbaren.

Dass der Ostgoten-König Theoderich seine Nichte jedenfalls nicht allein als *Zierde deiner Hofhaltung* nach Thüringen gab, klingt in einem Brief an Herminafrid an. Das Schreiben wurde vom römischen Staatsmann Cassiodor aufgesetzt. In ihm nennt er Amalaberga eine *treue Gefährtin deiner Beratungen.*

Die aus der Fremde stammende Königin dürfte also durchaus ein Mitspracherecht bei Hofe gehabt haben – und nicht nur am vermeintlich halb gedeckten Tisch.

Nach dem Tod des Berthachar nimmt Herminafrid dessen Kinder auf. Radegunde und ihr namentlich unbekannter Bruder hatten bereits ihre Mutter verloren. Beide sind erst wenige Sommer jung. Der Prinz liegt eventuell noch in der Wiege.

Amalaberga wird Stiefmutter.

War sie also doch keine böse, hinterlistige Herrscherin?

Radegunde hätte davon Zeugnis ablegen können. Immerhin, von ihr, der späteren Nonne und Klostergründerin, liegen zwei Lebensberichte vor, dazu autobiografisch geprägte Briefe.

Doch über Amalaberga äußert sich die Waise nicht näher.

Herminafrid kann sich nicht allzulange des ungeteilten Königtums erfreuen. Allenfalls zwei Jahre bleiben ihm. Bereits anno 531 überfallen die Franken sein Reich. Hilfe vom Ostgoten-König können die Thüringer nicht erwarten. Amalabergas

Onkel war bereits 526 gestorben. Seither kam Italien wegen innerer Machtkämpfe nicht zur Ruhe.

So werden die Thüringer vernichtend geschlagen.

Das Schlachtfeld soll an der Unstrut gelegen haben. Archäologische Schlüsselfunde, die eine Lokalisierung gestatten würden, gelangen bislang nicht.

Herminafrid bringt sich mit seiner Familie – er hat mit Amalaberga zwei Kinder – in Sicherheit. Radegunde und ihr Bruder fallen in die Hände des Feindes. Beide werden fortan im fränkischen Reich erzogen. Die Prinzessin wird hier um 540 mit König Chlothar vermählt.

Zu diesem Zeitpunkt ist Herminafrid längst tot. Nach der Niederlage der Franken hatte er sich vermutlich in einem kleinen Teil des Reiches halten können. 534 reist er zum fränkischen Herrscher nach *Tolbiacum*. Die Stadt heißt inzwischen Zülpich. Sie liegt in Nordrhein-Westfalen.

Der Franken-König, so berichtet Geschichtsschreiber Gregor von Tours, *gab ihm sein Wort zum Pfande, dass ihm nichts geschehen solle. Er überhäufte ihn auch mit Ehrengeschenken.* Dann aber wurde Herminafrid während eines Gesprächs, das auf der Stadtmauer stattfand, von ebendieser gestoßen *und gab seinen Geist auf.* Es war *ganz gewiss eine Hinterlist des Königs im Spiele*, fasst der Chronist zusammen.

Herminafrid fiel also keinem Unglück zum Opfer. Er wurde vorsätzlich ermordet.

Amalaberga flieht daraufhin mit ihren Kindern nach Ravenna (Italien). Prinzessin Rodelinde ehelicht einen König der Langobarden. Prinz Amalafred macht Karriere als Heerführer der Byzantiner. Beide scheiden damit als mögliche Herrscher eines wiedererstehenden Thüringens aus.

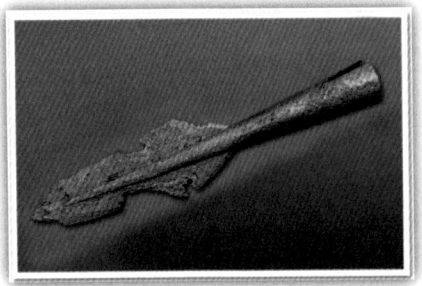

Prächtige Lebenszeugnisse: Ob Gewandspange oder Lanzenspitze, ob Schmuckstück oder Schildbuckel – die archäologischen Funde zeichnen ein Aufsehen erregendes Bild vom Thüringer Königreich.

Nicht aber Radegundes Bruder. Auf den Prinzen könnten sich die Hoffnungen vieler Zeitgenossen konzentriert haben. Das war auch dem Franken-König bewusst. Chlothar lässt seinen Schwager um 550/555 *ungerechter Weise durch schändliche Menschen töten*, überliefert der Bischof von Tours.

Frater interficitur innocenter, hält Venantius Fortunatus fest, der Privatsekretär Radegundes. Der Bruder sei unschuldig ermordet worden.

Die Gemahlin des fränkischen Königs reagiert auf eine Weise, die ihr letztlich den Status einer Heiligen bescheren wird. Radegunde wirft die Krone hin. Die Thüringer Prinzessin wird Nonne – im Frankenreich.

Was aber wurde aus Amalaberga, der vermeintlich unbarmherzigen Königin?

Die Spur jener Frau, die all das Morden initiiert haben soll, verliert sich, wie so vieles, im Schattenreich der Geschichte.

Idealisierte Abbilder

Rund 1.000 Jahre nach dem Untergang des Thüringer Königreiches ließ Wigand Gerstenberg (1457–1522) ein Porträt der Herrscher zeichnen. Es zeigt Herminafrid (links) mit Amalaberga und einer eventuellen Zweitfrau (Mitte). Daneben stehen Baderich und Berthachar (rechts). Die Zeichnung entstand nicht auf Basis authentischer Vorlagen. Historiker hegen indes auch Zweifel an Schriftquellen des 6. Jahrhunderts. So sei die Chronik des Gregor von Tours aus der Perspektive der Franken entstanden. Die Lebensberichte der Prinzessin Radegunde wiederum wirken Kritikern zu literarisch. Dennoch sprechen für die Realitätsnähe der Tours-Schilderungen wenigstens zwei Gründe. Zum einen geht er kritisch mit fränkischen Regenten ins Gericht. Zum anderen war der Bischof mit Radegunde bekannt, wirkte diese doch inzwischen als Nonne in Franken. Der Chronist könnte also durchaus Informationen aus erster Hand erhalten haben.

Königlicher Helm

Bei der Suche nach jenen Orten, an denen einst die drei Thüringer Könige residiert haben, ist ein sogenannter Spangenhelm ein wichtiges Indiz. Er wurde 1929 bei Stößen (Burgenlandkreis) gemeinsam mit dem Skelett eines jungen Mannes geborgen. Der Tote trug ein mit Goldfäden durchsetztes Gewand. Die Grablege wird auf die erste Hälfte des sechsten Jahrhunderts datiert. Der vermutlich im byzantinischen Raum gefertigte Helm ist vergoldet und mit einem Kreuz versehen. Derartige Kopfbedeckungen waren Herrschern und Heerführern vorbehalten. Archäologen vermuten, dass es sich um das Grab des Königs Baderich handeln könnte.

Am Kleinen Roten Berg (nahe Erfurt) wiederum wird der Hof des Berthachar vermutet. Indiz hierfür ist ein Gräberfeld, zu dem ein prächtig ausgestattetes Wagengrab gehört. Auf ihm lag das Skelett einer 20 bis 25 Jahre alten Frau. Sowohl Wagen als auch die goldenen Grabbeigaben deuten darauf hin, dass hier eine Königin bestattet wurde. Eingedenk der Datierung auf das frühe sechste Jahrhundert kommt eigentlich nur eine Frau infrage: die jung verstorbene Gattin des Berthachar.

Vergleichbar aussagestarke Funde, die auf den eventuellen Königssitz des Herminafrid verweisen, gelangen noch nicht.

Dieses Bild mit rekonstruiertem Helm entstand bei Dreharbeiten des MDR.

Lustmord im Siechenhaus

Die älteste bekannte Stadtansicht von Erfurt birgt ein dunkles Geheimnis. Auf ihr sind ein Sühnekreuz sowie ein Bildstock eingezeichnet. Beide erinnern an ein grausames Verbrechen und dessen an exemplarischer Härte kaum zu überbietende Bestrafung. Im Jahre 1388 ließen die Stadtgewaltigen eines der Erfurter Siechenhäuser abfackeln. Zuvor wurde das Gebäude verbarrikadiert, so dass dessen Bewohner nicht entweichen konnten. Sieben Jahrhunderte später wird das Viertel durch einige Plattenbauten sowie eine vielspurige Straße geprägt.

Der Torwächter kannte an jenem Winterabend des Jahres 1388 kein Mitgefühl. Längst war es stockdunkel, und Ausnahmen werden nun mal nicht gemacht. Um zehn Uhr bleiben die Tore Erfurts verschlossen.

Dabei waren es keine missliebigen Bettler, die am Löbertor Einlass erflehten, kein fahrendes Volk und auch kein Gesindel. Es war ein Liebespaar. Ein Reiter und seine Liebste. Eine *Jungfrau aus dem Gräflichen Frauenzimmer* sei sie gewesen, so steht es in alten Chroniken. Noch, so muss man korrigieren, war sie eine Jungfer. Für einige, wenige Stunden.

Bereits am folgenden Morgen werden sie und ihr Schatz tot sein. Geschändet, erwürgt und eingescharrt unweit jenes Stadttores, hinter dem die Verliebten Schutz suchen wollten.

Das Pärchen hatte einen langen Ritt hinter sich. Sie kamen von *Rembde, wo der Reuter bey dem Grafen zu Gleichen am Hofe diente.*

Rembde, das meint das heutige Remda im Landkreis Saalfeld-Rudolstadt. 32 Kilometer sind es von hier bis zu jener Stelle, wo sich einst das Löbertor von Erfurt befand. Mit dem Auto fährt man kaum mehr als eine halbe Stunde. Wie lange aber war das Liebespärchen damals unterwegs?

Es müssen etliche Stunden gewesen sein. Beide saßen gemeinsam auf nur einem Pferd, ein schnelles Reiten war so unmöglich. Noch dazu dürften die Verliebten die damaligen Hauptstraßen gemieden haben. Zu groß wäre ansonsten die Gefahr gewesen, entdeckt zu werden. Immerhin hatte der Reiter seine Angebetete vom Hofe entführt.

Erst am späten Abend treffen sie vor den Mauern der Stadt ein. Das Paar nähert sich von Süden her, es passiert den Stadtwald sowie jenes Terrain, auf dem sich nunmehr das Steigerwaldstadion sowie der Thüringer Landtag befinden. Die Landstraße mündet im Löbertor. Dieses Stadttor ist zwar als solches längst nicht mehr erhalten, die zugehörige Straße aber existiert bis heute. Die teils fünfspurige Löberstraße führt, so wie im 14. Jahrhundert auch, hin zur Altstadt. Da, wo sich einst das Löbertor befand, steht nunmehr eine Eisenbahnbrücke. Wohnhäuser im Gründerzeitstil grenzen an, riesige Plattenbauten dominieren die Perspektive.

Der Reiter nebst seiner Jungfer bekommt anno 1388 allenfalls die Spitzen der an Türmen reichen Stadt zu sehen. *Weilen er aber*

um zehen Uhr nicht eingelassen wurde, muss der gräfliche Gefolgsmann in der Winternacht notgedrungen eine andere Herberge suchen. So *ritte er vors Siechen-Hauß und ward allda aufgenommen. Das Pferd band er an einen Zaun und ging mit seiner Liebsten in die Stube,* überliefern die gedruckt vorliegende Falckenstein- sowie die handschriftliche Hogel-Chronik.

Das Siechenhaus also.

Sich hier einzuquartieren, und sei es nur für eine Nacht, spricht durchaus von Mut. Von Todesverachtung sozusagen.

Siechenhäuser befinden sich mit Bedacht vor und nicht innerhalb der Stadtmauern. Ihren Bewohnern ist es verboten, die Häuser zu verlassen und in der Stadt zu betteln. Niemand anderes lebt normalerweise hier als die Aussätzigen. Kranke, die an Lepra leiden und an Geschwülsten, an Tuberkulose oder an Elefantenfüßen. Es sind jene Krankheiten, die die Menschen bis in das

In Erfurt gab es zeitgleich mehrere Siechenhäuser, dazu gehörte das Domus leprosorum vorm Löbertor. Anno 1247 stellte Papst Innocenz IV. einen Schutzbrief für die »magistro et fratribus domus leprosorum de Erphordia« aus. Das Pergament gehört zum Bestand des Stadtarchivs.

Auf dem Friedhof von St. Thomas setzte man die geschändete Jungfrau und ihren Galan bei. Die Kirche stand in der Vorstadt und hatte eine arme Gemeinde. Das Gotteshaus wurde 1902 niedergelegt. Einige Hundert Meter weiter entstand ein Neubau.

15. Jahrhundert hinein am meisten fürchten. Wer sie bekommt, wird abgesondert, um die Gesunden möglichst vor Ansteckung schützen zu können.

Was im Detail in jener Nacht geschieht, man weiß es nicht. Fest steht nur eines: Die Kranken stürzen sich alsbald auf ihre späten Besucher. *Die Siechen, als sie sahen, daß diese Weibes-Person schön war, erwürgeten den Reuter, und schändeten hernach die Jungfer zu Tode, und scharrten beyde ein.*

Gab es einen Rädelsführer? Wie viele der Siechen machten sich über die Jungfrau her? Keiner weiß es mehr.

Nur eines scheint gewiss: Die grausige Tat wäre beinahe für immer unentdeckt geblieben. Normalerweise hätte niemand nach den Getöteten, die noch dazu in Erfurt unbekannt waren, im Siechenhaus gesucht.

Doch dem flüchtenden Liebespaar *jagten etliche von Rembde des folgenden Morgens nach, kamen nach Erffurth und fragten am Thore nach beyden.*

Der Torwächter gibt den entscheidenden Tipp: Beide seien zum Siechenhaus geritten. Dessen Bewohner stellen sich den Verfolgern gegenüber allerdings unwissend. Sie hätten niemanden gesehen.

Indem diese mit ihnen redeten, fieng das Pferd vor Hunger an zu schreyen, welches noch am Zaun angebunden war. Als die Nachforscher dieses höreten, und das Pferd sahen, trungen sie ins Hauß, und ließen keinen heraus, schicketen alsobald an den Magistrat in die Stadt, welcher auch einige abordnete, so die Siechen examinieren mußten.

Es lässt sich nur noch vermuten, auf welche Art und Weise die Verdächtigen verhört worden sind. Haben sie sofort gestanden? Hat man ihnen die Instrumente gezeigt? Oder wurden sie der sogenannten peinlichen Befragung unterzogen, wie man die Folter nannte?

Sicher ist: *Die böse That wurde alsobald entdeckt.*

Heilige Elisabeth

Zu denen, die sich trotz aller Vorbehalte intensiv um Aussätzige kümmerten, gehörte die Thüringer Landgräfin Elisabeth (1207–1231). Sie verstand ihren Einsatz für Leprakranke nicht zuletzt als einen Dienst am leidenden Christus. Elisabeth arbeitete ihre letzten drei Lebensjahre als Schwester in einem Spital und wusch hier den Aussätzigen sogar die Wunden.

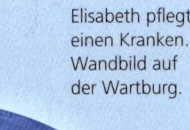

Elisabeth pflegt einen Kranken. Wandbild auf der Wartburg.

62 Spitäler für Aussätzige in Thüringen

Die Lepra gehörte bis ins 16. Jahrhundert hinein zu den gefürchtetsten aller Krankheiten. In Mitteleuropa erreichte die Infektion ihren Höhepunkt im 13. Jahrhundert. Im Kampf gegen die Lepra gab es lange Zeit nur ein einziges, halbwegs bewährtes Rezept: die mitunter lebenslange Quarantäne. Aussätzige wurden in Siechenhäuser gezwungen.

Allein in Erfurt hat es mindestens sechs dieser Siechenhäuser gegeben. Bereits für die Jahre 1224 sowie 1226 ist die Existenz solcher Einrichtungen überliefert. Im Jahre 1247 schließlich wird mit dem *Domus leprosorum* jenes Spital ersterwähnt, in dem der hier beschriebene Kriminalfall spielt.

Für einige Siechenhäuser gibt es noch früher datierte Erwähnungen, etwa:
- Wolfgangshospital Gera anno 1170
- Siechhof Nordhausen anno 1195
- Siechenhaus Ichtershausen anno 1195
- St. Clemens-Hospital Eisenach 1204.

Wenigstens 62 Leprosorien an 47 Orten sind für Thüringen bekannt. Das haben Recherchen des Medizinhistorikers Dr. Jürgen Kiefer (Universität Jena) ergeben. Allerdings, so resümiert Kiefer, ist eine vollständige Auflistung der ehemals vorhandenen Leprosorien auf Grund der lückenhaften Quellen nicht möglich. Nicht selten verweisen topografische Namen auf die einstigen Aussätzigen-Domizile, etwa:
- Siechenholz bei Bad Langensalza
- Siechenberg bei Eisenach
- Siechenlache in Eisenach
- Spittelbach in Gera
- Waldstück Siechen bei Horsmar
- Spittelplatz in Jena
- Siechenbrücke sowie Siechentor, beide in Nordhausen
- Spitalgraben in Oberweimar.

Die getötete Jungfrau gehörte zu den Hofdamen des Grafengeschlechtes zu Gleichen. Das Szenenfoto aus dem Musical »Der Graf von Gleichen« versammelt solche Damen. Das Musical wurde 2007 in Mühlberg aufgeführt.

Damit haben die Mörder ihr Leben verwirkt. Wie aber soll man sie bestrafen?

Der Magistrat, dem die Gerichtsbarkeit obliegt, entscheidet auf den Feuertod. Ob dieser Hinrichtung ein Prozess vorausgeht, lässt sich den Chroniken nicht entnehmen. Dafür lassen die Schriften keinen Zweifel an der exemplarischen Härte aufkommen, mit der gestraft wurde.

Der städtische Rat ließ *das Siechen-Hauß mit Holz belegen, und es nebst denen Siechen, welche an dieser gottlosen That schuldig waren, mit Feuer verbrennen.*

Wenig später wurde an ebenjener Stelle ein steinernes Kreuz errichtet. Es soll auf der einen Seite einen Reiter und auf der anderen eine kniende Jungfrau gezeigt haben.

105 Jahre später, anno 1493, erscheint in Nürnberg die Schedelsche Weltchronik. Das opulente Werk erhebt den Anspruch, die Weltgeschichte bis in die Gegenwart zu erzählen. Natürlich spielt auch Erfurt eine Rolle. Auf einer Doppelseite der Chronik ist die älteste bekannte Stadtansicht zu sehen – inclusive Löbertor. Die prächtig kolorierte Ansicht zeigt mit einer einzigen Ausnahme keinerlei Beiwerk vor den Stadtmauern. Es ist das besagte Kreuz.

So findet der älteste bekannte Lustmord Erfurts seine Widerspiegelung in der berühmtesten mittelalterlichen Chronik.

Noch einmal, 1675, wird das Kreuz verewigt, nun auf einem Stadtplan. Fortan verlieren sich seine Spuren. Es gilt seit dem 18. Jahrhundert als verschollen.

Während die Siechen im Feuer schmoren, begräbt man in Erfurt den Reiter und die Jungfer. Die Liebenden finden neben St. Thomas ihre letzte Ruhe, auf dem Totenacker einer Armenkirche. Endlich sind sie vereint, wenn schon nicht im wahren Leben, so doch wenigstens im Tode.

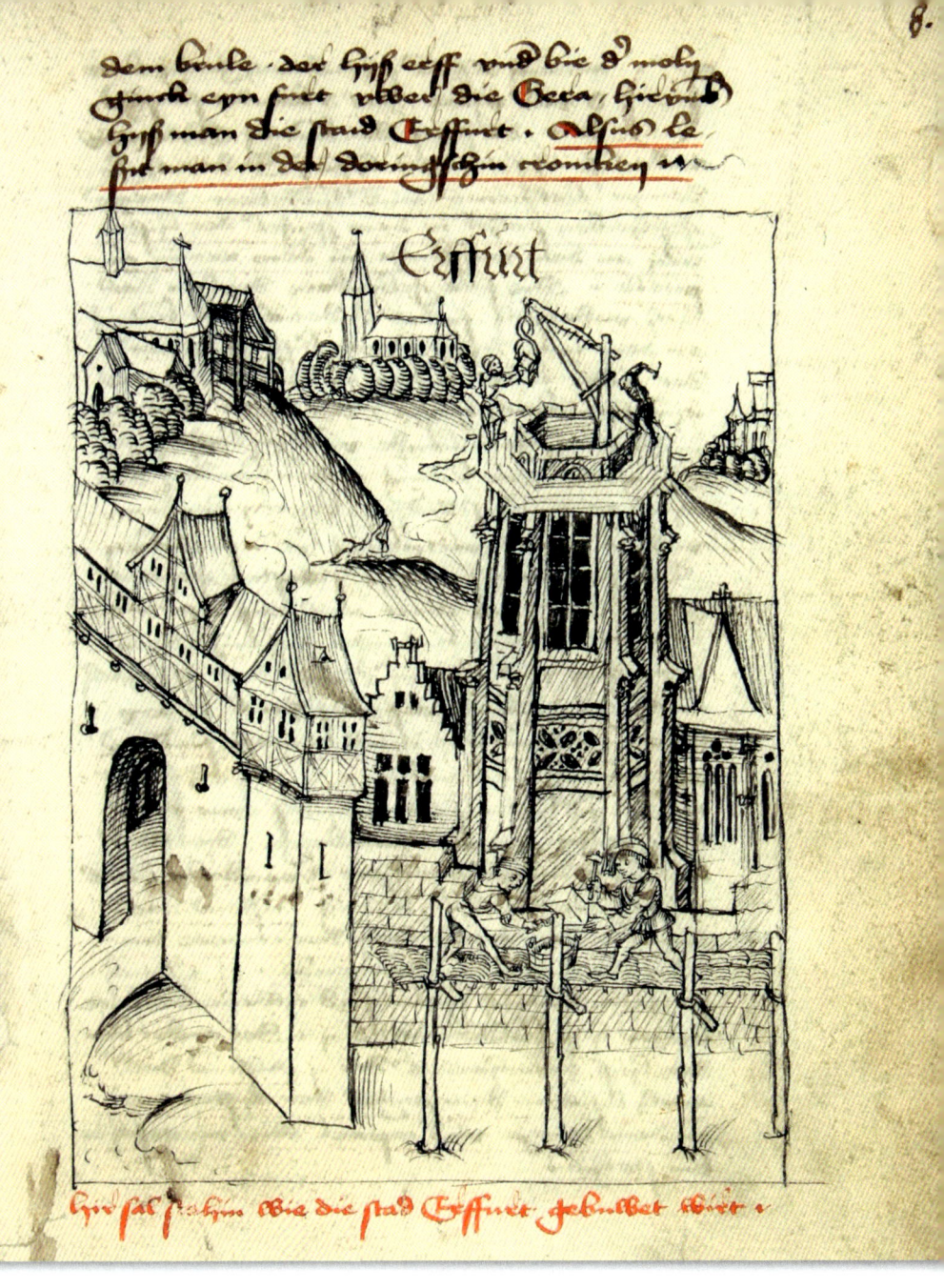

Eine Erfurter Stadtmauer nebst ihren Toren ist bereits für die Zeit vor 1165 verbürgt. In jenem Jahr halten Chronisten deren Zerstörung und kurz darauf den Wiederaufbau fest. Erfurts steinerner Schutzwall ist der älteste sicher datierte im deutschsprachigen Raum.

Der Prinzenraub

Eigentlich trug Kurfürst Friedrich den Beinamen der Sanftmütige. Doch als im Jahre 1455 seine Söhne Ernst und Albrecht in Altenburg gekidnappt wurden, griff er aufs Härteste durch. Er ließ einige der Entführer enthaupten und vierteilen. Nicht verbürgt ist indes, dass ein Küchenjunge lebendig eingemauert wurde. Dem Prinzenraub war ein Rechtsstreit zwischen dem Fürsten und einem Ritter vorausgegangen. Um seine Ansprüche durchzusetzen, griff der Ritter zum Faustrecht. Das Führen einer solchen Fehde galt damals durchaus als legitim.

In den späten Abendstunden des 7. Juli 1455 steigt Kunz von Kaufungen nebst einigen weiteren Rittern und Knechten über eine Strickleiter ins Altenburger Schloss. Kaum drinnen, *ylete er fur unser lieben sone slaffgemach*, notiert der Hausherr, Kurfürst Friedrich II., einige Tage darauf in einem Manifest. Der Ritter sei in die Schlafzimmer seiner Söhne geeilt. Von jenem Moment an, als er Ernst und Albrecht entführt, der Überlieferung nach ist es die 23. Stunde des Tages, hat Kunz von Kaufungen nicht mal mehr eine Woche zu leben …

Die Residenz heute. Dicke Lagen von Stroh und Mulch bedecken das derbe Pflaster von Auffahrt und Hof. Pferdespuren zeichnen sich ab und die von Wagenrädern. Als Kunz von Kaufungen ins Schloss eindrang, harrte seine Nachhut mit den Pferden vorsorglich am Fuße des Burgberges aus. Zu laut, zu alarmierend wäre ansonsten der Hufschlag gewesen.

36 Rösser sollen es gewesen sein – je zwei für jeden der 16 Kidnapper, je zwei für deren fürstliche Geiseln. Dank der Wechselpferde, so das Kalkül, könne man besonders schnell außer Landes fliehen.

Inzwischen sind es Schauspieler, die sommers im Schloss reiten. Die Prinzenraub-Festspiele haben einen festen Platz im Altenburger Kulturkalender gefunden. Tatsächlich erheitern die Geschehnisse aber schon seit fünf Jahrhunderten das Publikum. Die bislang älteste bekannte Aufführung des Kriminalfalls ist für 1585 verbürgt – in Weimar. Sie fand *uf dem fürstlichenn Saal in Kegenwart etzlicher fürstlichenn Personen* statt.

Bereits Wochen, vielleicht sogar schon Monate vor dem Einstieg ins Schloss hatte Kunz von Kaufungen die Entführung

linke Seite: Der romanische Wohn- und Wehrturm hat bereits zu Zeiten des Prinzenraubes die Silhouette des Altenburger Schlosses dominiert. Während die Residenz zu Zeiten des Barocks weitgehend umgebaut worden ist, blieb der Turm nahezu unverändert erhalten. Von seinen Fenstern schweift der Blick Dutzende Kilometer ins Land.

der Prinzen geplant. Er, der sich selbst als ein *frye Edel knecht* bezeichnet, sucht Verbündete. Er findet sie in weiteren Angehörigen des niederen Adels. Dazu gesellen sich Kriegsknechte. Auch im Altenburger Schloss hat Kaufungen einen Getreuen, den Küchenknecht Hans Schwalbe. Beide dürften sich seit etlichen Jahren kennen: Kaufungen war 1443 vom Landesherrn zum Vogt des Schlosses bestellt worden. Schwalbe jedenfalls ist es, der den alles entscheidenden Tipp gibt.

Anfang Juli schreibt er dem Ritter, dass in der Nacht zum 8. Juli das Schloss nahezu unbesetzt sein werde. Der Kurfürst weile mit einem Gutteil des Gefolges auf Reisen. Das übrige Personal wiederum werde sich an diesem Abend auf einer Hochzeitsfeier in der Stadt vergnügen. Kurzum: Mit ernsthaftem Widerstand sei nicht zu rechnen.

So geschieht es auch. Trotzdem wird die Entführung bereits gegen Mitternacht bemerkt. Sofort reitet ein Eilbote los, den Kurfürsten zu informieren. Sein Kanzler, er hält sich in Altenburg auf, setzt derweil einen Befehl zur sofortigen Verfolgung auf. Der Aufruf richtet sich an alle Städte und Amtleute im Land. Sie sollen alle erdenklichen Wege und Wälder absuchen.

Die Urschrift dieses Papiers hat die Zeitläufe überdauert. Sie lagert im Thüringischen Hauptstaatsarchiv zu Weimar. Die Zeilen sind Buchstabe um Buchstabe gut lesbar, gleichwohl aber schwer verständlich. Noch gibt es keine einheitliche Schriftsprache. Zudem haben Diktion und Wortwahl nur wenig Ähnlichkeit mit modernem Deutsch. *Unsir abegunner jn eynen christlichen friden* werden die Entführer genannt. Unsere Widersacher in einem christlichen Frieden.

Nur wenige Stunden nach der Entführung, am Morgen des 8. Juli, wird der Steckbrief präzisiert. Inzwischen kennt man seinen Feind. *Uns ist Cuncz von Kouffungen mit sinen helfern uf hind jn unsir slos Aldnburg gestegen.*

Der Übeltäter hatte sich selbst zu erkennen gegeben – mit einem sogenannten Fehde-Brief.

Die Fehde, das meint einen uralten Rechtsbegriff. Konflikte wurden in einer Fehde mit Gewalt ausgetragen, das aber nach klar definierten Regeln. Zu deren wichtigsten gehörte, dass vor dem Griff zum Schwert erst der Versuch der gütlichen Einigung zu stehen hatte. Außerdem musste eine Fehde mehrere Tage

Die beiden Prinzen wurden in tiefer Nacht entführt. Das Gemälde von Gustav Goldberg entstand im 19. Jahrhundert. Es gehört zur Sammlung des Altenburger Schlossmuseums.

vorab angekündigt werden. Hielt sich ein Fehde-Führer an diese Bedingungen, so galt sein Tun als rechtmäßig. Ob Brandschatzungen, ob Raub, ob Geiselnahme: Gewalt war somit legitimiert.

Nicht so im Falle der Entführung der Prinzen: Kaufungens Fehde-Brief wurde erst am 8. Juli auf dem Altenburger Schloss abgegeben. Zu diesem Zeitpunkt hatte er Ernst und Albrecht aber längst entführt.

Die Umstände dieser viel zu späten Fehde-Erklärung lassen sich nicht mehr nachvollziehen. Überliefert ist, dass dieser Brief am 4. Juli, also einige Tage vor der Entführung, aufgesetzt wurde.

Im Recht gefühlt hat sich Kunz von Kaufungen auf jeden Fall. Jahrelang lag er bereits mit jenem Kurfürsten im Rechtsstreit, dem er zuvor treu gedient hatte. Er kämpfte im berüchtigten sächsischen Bruderkrieg (1446/50) für Friedrich II., indem er Fehden gegen dessen Gegner führte. Und genau darum ging es vor Gericht. Kaufungen hatte in diesen Kämpfen erhebliche

Geschönte Porträts

Wie sah der Entführer aus, wie die Prinzen, wie Friedrich der Sanftmütige? Man weiß es nicht. Es gibt keine authentischen Porträts. Die vermeintlich zeitgenössischen Bilder zum Prinzenraub entpuppen sich allesamt als Kunstwerke, die frühestens im 17. Jahrhundert entstanden sind. Ein Doppelporträt der Prinzen ahmt sogar Bildnisse nach, die Cranach von anderen Fürstensöhnen gemalt hatte.

Kurfürst Friedrich und seine Gattin Margaretha. Porträts aus dem 18. Jahrhundert.

Ernst und Albrecht wurden entführt. Diese kolorierten Stiche der Prinzen entstanden erst im 18. Jahrhundert, also gut 300 Jahre nach dem Prinzenraub.

Diese Bildtafel aus dem Altenburger Schloss stellt Entführer und andere Beteiligte des Falles dar. Die dritte Reihe zeigt Kunz von Kaufungen (Mitte) sowie zwei der Adeligen, die seine Fehde unterstützt hatten.

Anno 1455 | Der Prinzenraub

materielle Verluste hinnehmen müssen. Er musste sich auf eigene Kosten aus einer Gefangenschaft auslösen, er verlor Pferde und Waffen sowie vor allem *sine dorffer, im lande zu Doringen gelegen*. Gemeint sind zwei thüringische Landgüter.

Friedrich II. entschädigte ihn zwar mit einem weiteren Gut. Das aber presste ihm der Kurfürst in Folge eines Friedensschlusses mit seinem Bruder wieder ab.

Für all diese Einbußen klagt der Ritter auf Schadensersatz.

Es ist einer der mächtigsten Regenten Mitteleuropas, mit dem er sich anlegt. Friedrich II. ist Kurfürst zu Sachsen, Markgraf zu Meißen und Landgraf in Thüringen. Damit hat Kaufungen im Rechtsstreit von vornherein die schlechteren Karten. Als Landesherr ist Friedrich II. zugleich der oberste Richter.

Was das bedeutet, bekommt der Kläger 1454/55 zu spüren. Der Beklagte selbst ist es, der jene drei Schiedsrichter beruft, die das abschließende Urteil zu Kaufungens Ansprüchen fällen sollen. Die Richter holen zwar zusätzlich auswärtigen Rat ein, doch aus Sicht von Kaufungen ist das nur eine Farce.

Der angerufene Schöffenstuhl von Leipzig ist Friedrich II. hörig.

Kunz von Kaufungen entscheidet sich in dieser Situation für einen ritterlichen, also seiner Meinung nach ehrenhaften Weg. Für die Fehde.

Die Entführung glückt zwar, doch ihm bleiben nur wenige Stunden. Noch am 8. Juli wird Kaufungen von Verfolgern in einem Wald bei Zwickau überwältigt. Prinz Albrecht kommt frei.

Über diese Garleiter soll Kunz von Kaufungen ins Schloss eingestiegen sein. Ihre Authentizität ist nicht belegt. Immerhin lässt sich diese Leiter in den Verzeichnissen der Altenburger Rüstkammer bis ins 19. Jahrhundert zurückverfolgen. Eine dendrologische Altersbestimmung der Stufen ist bislang nicht erfolgt. Die Leiter wird im Altenburger Schlossmuseum ausgestellt.

Hinrichtung des Kunz von Kaufungen auf dem Marktplatz von Freiberg. Ölgemälde aus dem 18. Jahrhundert, ausgestellt im Schlossmuseum Altenburg.

Einigen seiner Gesellen gelingt mit Prinz Ernst die Flucht. Sie ergeben sich drei Tage später unter der Bedingung, freies Geleit zu erhalten.

Es wird ihnen gewährt.

Mit ähnlicher Milde kann der Kopf der Entführer nicht rechnen. *Cuntze,* so hält der Kurfürst schriftlich fest, *habe zu Friberg, sine gesellen zu Czwikaw, sien frunt zu Aldemburg iren wirdigen lon genomen.* Kaufungen wird am 14. Juli in Freiberg enthauptet. Mehrere seiner Kriegsknechte werden in Zwickau geköpft. Der Küchenjunge Schwalbe, sein Freund, wird geviertelt.

Noch immer ist jene Stelle, an die Kaufungens Schädel gerollt sein soll, im Pflaster des Freiberger Marktplatzes markiert.

22 Jahre später schreibt die Mutter der entführten Prinzen einen Brief an ihren Ältesten. Er könne beruhigt die Enkel zu ihr ins Altenburger Schloss geben, für deren Sicherheit sei gesorgt. *Das ihnen ab gott will nichts widerwertiges begegnen.*

Wilhelm Grumbach wurde am 18. April 1567 mitten in Gotha mit Messern und Beilen geviertelt. Eine in das Pflaster des Marktplatzes eingelassene Platte markiert den Hinrichtungsplatz noch immer.

Raubritter im Bettkasten

Er war einer der gefürchtetsten Ritter des 16. Jahrhunderts. Unter dem Schutz des Gothaer Herzogs stehend, überfiel Wilhelm von Grumbach sogar die Stadt Würzburg und ließ deren Bischof töten. Als schließlich ein kaiserliches Heer seinetwegen Gotha belagerte, verkroch sich Grumbach unter einem Bett.

Siehe, Grumbach, dein falsches Herz! Triumphierend reckt der Scharfrichter das blutige Herz nach oben, um es im nächsten Moment seinem Delinquenten immer und immer wieder um den Kopf zu schlagen. *Siehe, Grumbach, dein falsches Herz!*

Wir schreiben den 18. April 1567, als auf dem Marktplatz zu Gotha eine der schaurigsten Hinrichtungen des 16. Jahrhunderts zelebriert wurde. Eine *sieghafte, herrliche Execution,* so hat der sächsische Kurfürst diesen Tag später genannt, die *das vornehmste Lob* verdiene, da sie Gott gefallen habe.

Einen seiner ärgsten Widersacher hatte man an diesem Morgen splitternackt auf die Fleischbank gebunden und *eine grausam große Welt Volkes von Fürsten, Grafen, Edelleuten, Kriegsvolk, Bürgern und Bauern sah dem Schauspiel zu ewiger Ergötzlichkeit zu.*

Immerhin sechs Henker waren aufgeboten worden, um den Ritter Wilhelm von Grumbach zu vierteilen. Erst schnitten sie ihm mit Messern den Brustkorb von unten auf, um Herz und Gedärme herausreißen zu können, hernach griffen sie zu Beilen.

Der Gothaer Herzog Johann Friedrich (links) erhoffte sich von Ritter Grumbach (rechts) kampfstarke Hilfe im steten Zwist mit dem sächsischen Fürstenhaus.

Eine grausame Strafe? Kurfürst August sah dies wohl mit anderen Augen. Die Verbrechen des Grumbach, so hatte er in dessen Urteil schreiben lassen, verdienten *eine gar ernste Straff*. Doch aus angeborener Güte gewähre er Milde und werde den Ritter lediglich vierteilen lassen.

Ob der 63-jährige Ritter um weitere Gnadenbeweise, vielleicht sogar um sein Leben gefleht hat, ist nicht überliefert. Aber hätte er diese Gunst überhaupt zu erwarten gehabt?

Wilhelm von Grumbach, geboren am 1. Juni 1503, entstammt einer fränkischen Junkersfamilie. Die Seinen nennen drei Güter nebst einigen Dörfern ihr eigen. Über Grumbachs Kindheit und Jugend ist kaum mehr bekannt, als dass ihn seine Eltern am nahegelegenen Hof des Würzburger Bischofs erziehen lassen. Kaum ist er 16, verdingt sich Wilhelm bei einem weltlichen Herrn, dem

Anno 1567 | Raubritter im Bettkasten

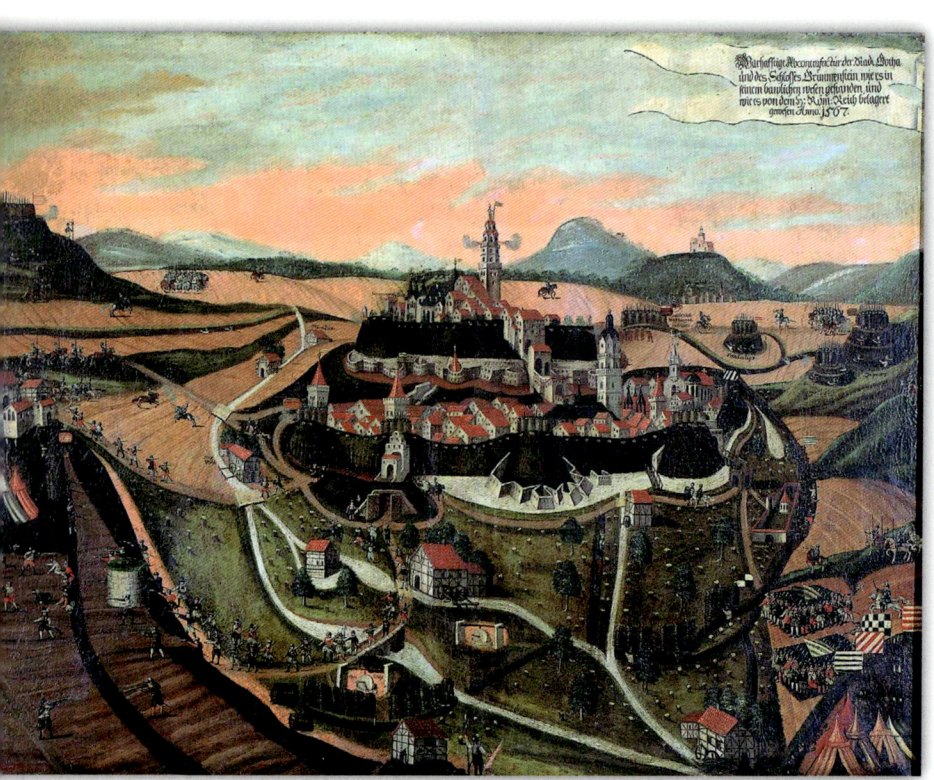

Belagerung der Stadt Gotha und der Festung Grimmenstein anno 1566/67. Das Gemälde gehört zum Bestand des Gothaer Museums für Regionalgeschichte und Volkskunde.

Markgrafen zu Brandenburg. In dessen Gefolge zieht der Ritter 1525 in den Bauernkrieg. Grumbach kämpft gegen das Fähnlein des adeligen Bauernführers Florian Geyer. Der ist mit Grumbachs Schwester verheiratet, was den Ritter indes keineswegs daran hindert, Geyer in einem Hinterhalt von seinen Knechten erdolchen zu lassen.

Jahre voller Händel folgen. Kriegszüge führen den Junker durch halb Europa. Wilhelm von Grumbach dient wechselnden Herren, zwischenzeitlich auch dem ihm wohlgesonnenen Bischof von Würzburg. Als dieser ihm kurz vor seinem Tod ein Geldgeschenk verspricht, ahnt noch niemand, dass sich damit das weitere Schicksal Grumbachs auf ewig verbinden wird.

Melchior, der neue Bischof, denkt überhaupt nicht daran, den Junker auszuzahlen. Stattdessen möchte er ihn mit einigen Dörfern abfinden. Doch auch dazu kommt es nicht. Der Bischof hält Grumbach in den 1540er Jahren unablässig hin. Selbst eine Klage

Grumbachs vor dem Reichsgericht führt nicht zum Erfolg. Des Königs Richter sind darauf erpicht, sich nicht mit dem Bistum zu überwerfen. Sie nehmen den Fall nicht an.

Der betrogene Grumbach reagiert, wie er es auf all den Schlachtfeldern gelernt hat. Er wirft dem Bischof den Fehdehandschuh hin, schmiedet allerlei Zweckbündnisse mit anderen Streithähnen. Immer wieder gibt es Scharmützel. Am Ende verliert der Ritter all sein Hab und Gut an die Würzburger.

Sowohl in den Fürstenhäusern als auch am Hofe des Königs ist man in diesen Monaten nicht gut auf den fränkischen Ritter zu sprechen. Wildeste Gerüchte kursieren. Grumbach wolle den niederen Adel zu einem Aufstand aufwiegeln. 3.000 Berittene, so heißt es, könne er aufbieten, um plündernd durch Franken und Bayern zu streifen. Nicht minder suspekt macht sich Grumbach, als er mit dem französischen König einen Vertrag schließt, diesem in Kriegszeiten beistehen zu wollen. Allerdings gilt der Handel nur, sofern es nicht gegen Deutschland geht.

Auch in der Heimat findet Wilhelm von Grumbach einen neuen Verbündeten. Er begibt sich mit mehreren Rittern und etlichen Landsknechten anno 1557 unter die Schutzherrschaft des Gothaer Herzogs Johann Friedrich der Mittlere. Der Potentat kann die kampferprobten Männer gut gebrauchen, brennt er doch darauf, bei Gelegenheit eine Schmach auszuwetzen. Gerade mal zehn Jahre ist es her, dass das Gothaer Fürstenhaus im Schmalkaldischen Krieg die honorige Kurwürde an Sachsen (Dresden) verloren hatte.

Zunächst ist es aber vor allem Grumbach, der von Gotha aus die Wiedereinsetzung in sein rechtmäßiges väterliches Erbgut betreibt. Briefe über Briefe setzt er auf. Er schreibt mehreren Fürsten, wendet sich an den Reichstag, schließlich an den Kaiser des Heiligen Römischen Reichs. Umsonst!

Wieder ist es das Faustrecht, auf das sich Wilhelm von Grumbach besinnt. Im April 1558 sendet er seine Landsknechte aus, den Würzburger Bischof als Geisel zu nehmen. Der Auftrag misslingt: Die Angreifer schießen den Bischof und zwei seiner Begleiter über den Haufen. Obwohl die Mörder als Grumbachs Knechte erkannt werden, hat der Ritter noch einmal Glück. Eine direkte Beteiligung lässt sich ihm nicht nachweisen.

Jahre voller diplomatischer Verwicklungen im Inland und kriegerischer Händel im Ausland vergehen. An der Seite Frankreichs kämpft Grumbach gegen England und Spanien. Er wird in den Rang eines Obersten erhoben, befehligt 1.200 Reiter.

Im Spätsommer 1563 scheint die Zeit endlich reif zu sein, den alten Zwist mit Würzburg auszutragen. Grumbach schickt einen Fehdebrief an das Bistum. Er fordert zurück, was man ihm *abgeraubt, gebrennt, genommen und bis auf diese Stunde vorenthalte*. Geschehe dies nicht, werde er den Feind heimsuchen.

Am 4. Oktober lässt der mittlerweile greise Ritter Taten folgen. Aus dem Gothaischen kommend, überfällt er mit 800 Reitern und 500 Fußknechten die Stadt Würzburg. Binnen Stunden ist der Kampf entschieden.

Während seine Truppen drei Tage lang marodieren, presst Grumbach den Räten eine Urkunde ab, die ihn wieder in die alten Besitzstände erhebt. Der Sieger quittiert als *Königlicher Majestät zu Frankreich Oberst*.

Der Vertrag wird nie erfüllt. Nur zwei Tage, nachdem Grumbach am 8. Oktober abrückt, sendet der Kaiser bereits Depeschen an Fürsten und Bischöfe, in denen er den Ritter des Landfriedensbruchs bezichtigt. Außerdem verhängt er über den Junker die Reichsacht, erklärt ihn somit für vogelfrei. Einem jeden ist es daher bei Strafe verboten, dem Geächteten Hilfe oder Unterschlupf zu gewähren.

Den Gothaer Herzog scheint die damit verbundene Drohung nicht das Mindeste zu kümmern. Grumbach geht bei ihm ein und aus, ja, er mausert sich sogar zu seinem engsten Vertrauten. Schreiben des Kaisers beantwortet Johann Friedrich deshalb mit stoischer Geduld. Er betont darin, dass Grumbach im Recht sei und es ihm deshalb seine Ehre verbiete, den Geächteten *auf die Fleischbank (zu) überantworten*.

Doch es ist weniger diese Hinhaltetaktik, die Johann Friedrich und Wilhelm von Grumbach eine Galgenfrist verschafft, sondern der Tod von Kaiser Ferdinand am 25. Juli 1564. Sein Nachfolger Maximilian hat zunächst ganz andere Sorgen, als sich um solche Händel zu kümmern. Er verschiebt einen Entscheid auf den in zwei Jahren geplanten Reichstag.

In Gotha rüstet man sich inzwischen für handfeste Auseinandersetzungen. Johann Friedrich erwägt, sich mit dem König von

Der Kopf über Gothas Rathausuhr, so heißt es im Volksmund, symbolisiere Ritter Grumbach.

Schweden zu verbünden, um gemeinsam Kursachsen zu bedrängen. Grumbach wiederum knüpft Kontakte zu anderen Junkern, um ein Heer aufzustellen – angeblich im Namen des französischen Königs.

Mitten hinein in diese Bemühungen platzt die Nachricht, dass der Kaiser die Reichsacht über Grumbach erneuert hat. An Johann Friedrich ergeht die ultimative Aufforderung, den Ritter auszuliefern. Zwei Wochen später spricht sich der Reichstag für eine militärische Lösung aus.

Doch wieder scheint das Glück den Gothaern hold zu sein. Ein Krieg mit den Türken dräut am Horizont, die Kaiserlichen Truppen rücken ins bedrängte Ungarn ab. In dieser Situation tritt der sächsische Kurfürst auf den Plan. Er erwirkt beim Kaiser das Mandat, gegen die Aufmüpfigen zu Felde ziehen zu dürfen.

Monate streichen ins Land. Beide Seiten mustern Truppen, die Gothaer lagern Unmengen an Vorräten in der Stadt und auf der Festung Grimmenstein ein. Die Bürger sind gehalten, sich auf ein Jahr zu verproviantieren. Auf dem Schloss werden *fünfzig von Ichtershausen herein gekommene Ochsen ins Salz gehauen* (gepökelt).

Auch im nahen, mit Kursachsen verbandelten Erfurt macht sich Angst breit. Der Rat lässt vorsorglich Kanonen auf die Wälle rollen.

Am 30. Dezember 1566 ist es so weit. Die Vorhut der kursächsischen Armee marschiert vor Gotha auf. Es sind 1.970 Berittene und 700 Landsknechte. In der Stadt stehen ihnen 250 Reiter und 3.000 Fußsoldaten gegenüber. Die meisten der Knechte sind Landvolk und Bürger. Der Krieg ist ihnen fremd.

Noch aber scheinen die diplomatischen Möglichkeiten nicht ausgereizt. Mittags treffen zwei prächtig herausgeputzte Gesandte auf Schloss Grimmenstein ein. Der kaiserliche Herold trägt ein mit Gold und Perlen besticktes Gewand aus schwarzem Samt, der Knappe des Kurfürsten gelbe Hosen und ein rotes Wams mit goldenen Borten.

Als ihm der Bote die Ungnade des Kaisers vermeldet, beteuert Johann Friedrich noch einmal, sich keiner Schuld bewusst und ein treuer Untertan zu sein. Den Edelknaben des Kurfürsten bedenkt Johann Friedrich derweil mit einem weit klareren Bescheid: Er drückt ihm Goldstücke in die Hand, die dieser seinem Herrn zeigen möge.

Die frisch geprägten Münzen lassen keinen Zweifel aufkommen, dass es der Herzog auf eine Schlacht ankommen lassen will. Sie sind mit gekreuzten Schwertern versehen, also mit dem Symbol der den Gothaer Regenten aberkannten Kurwürde.

In den nächsten Tagen schließt sich der Belagerungsring zusehends. Fähnlein aus Salza, Altenburg und Erfurt, aus Naumburg, Mansfeld und Weißenfels lassen das Heer des Kurfürsten auf 9.410 anwachsen. Trotzdem kommt es kaum zu ernsthaften Kämpfen. Der Kurfürst spielt auf Zeit, die Gothaer wagen nur gelegentliche Ausfälle.

Am 8. Januar 1567 machen Grumbachs Reiter vier Gefangene und töten vier Gegner. Eine Woche später nehmen die Sachsen 14 Gothaer Schützen fest. Die Belagerer arbeiten sich trotz heftiger Fröste systematisch an Gotha heran, errichten vor der Stadt

Diese Münze steht für eine Frechheit. Während der Belagerung Gothas ließ der Herzog goldene und silberne Münzen in viereckiger Form prägen. Diese zeigen gekreuzte Kurschwerter und das Kürzel GK (geborener Kurfürst). Beides war eine widerrechtliche Anmaßung.

Bollwerke und Gräben. Am 28. Februar sind sie nahe genug, um Kanonen in Stellung bringen zu können. Ein weiterer Monat vergeht mit kleineren Gefechten.

Das Blatt beginnt sich erst zu wenden, als am Morgen des 29. März gleich 23 Gothaer Schützen fallen. Wissend, dass es den Angreifern eigentlich nur um Ritter Grumbach geht, beginnen die eingeschlossenen Söldner zu murren. Am 4. April bricht im Schloss eine Meuterei aus, der sich die Truppen in der Stadt augenblicklich anschließen.

Der Herzog versucht persönlich zu schlichten. Vergebens! Gib uns Grumbach, gellt es ihm entgegen. Doch der einst so wackere Ritter hat sich längst verkrochen. Stunden später wird er von den Meuterern entdeckt – in einem Bettkasten.

Die Verhandlungen mit den Belagerern sind nun nur noch Formsache. Die Stadt kapituliert, ihre Verteidiger dürfen ungehindert abziehen – mit sieben Ausnahmen. Herzog Johann Friedrich kommt in Haft, in der er 28 Jahre später stirbt. Grumbach wird nebst fünf weiteren Gesellen zum Tode verurteilt.

Der Ritter bleibt den Gothaern noch ein Jahr lang gegenwärtig. Der Kurfürst lässt dessen Vierteile aufspießen und an den Stadttoren ausstellen *zu ewiger Schmach und Abscheu.*

Dieses Luntenschlossgewehr stammt aus jener Zeit, da Gotha belagert wurde.

Hexenverbrennung. Dieser Holzschnitt entstand um das Jahr 1525.

Dämonischer Taumel

Im Jahr 1669 verfällt Arnstadt dem Hexenwahn. Vier Frauen sterben den Feuertod. Der Fall der Barbara Elisabeth Schulzin zeigt exemplarisch, wie klein der Schritt von übler Nachrede zur gnadenlosen Strafverfolgung war.

Das Unglück nahm bereits im Januar seinen Lauf. Zwei Burschen aus dem Haus eines am Kohlmarkt lebenden Seilers, so überliefert es ein zeitgenössischer Chronist, waren *mit dem bösen Geiste besessen.*

Was hat die beiden genau geplagt? Durchlebten sie Albträume? Waren es epileptische Anfälle, die sie quälten? Wirre Fieberfantasien? Der Berichterstatter verschwendet darauf kein einziges Wort.

Aber immerhin: *Den 15. Febr. ist die Montags-Betstunde angesetzet worden wegen zweyer Jungen.* Doch Gebete allein scheinen nicht zu helfen. Sechs Wochen später lodert der Scheiterhaufen. Am 30. März wird *Catharina Klettbachin unter den Walckmühlen auff den Rasen verbrandt.*

Der widerliche Gestank des *holzhaufen* hat sich kaum verzogen, da brauen sich bereits die nächsten dunklen Wolken zusammen. Am 3. April vermeint der Seiler Heinrich Darr, endlich jene Hexe identifiziert zu haben, von der sein Vetter Melchior und der Lehrbub Hans *geplaget und gemartet* werden. Der Seiler erstattet Anzeige gegen Barbara Elisabeth Schulzin, Gattin eines Futterschnitters (Landarbeiter).

Am 14. April 1669 eröffnet das gräfliche Amt daraufhin eine bis heute erhalten gebliebene *Inquisition Acta wegen verdächtiger Hexerey.*

Arnstadt, im Frühjahr 1669. Seit Reformation und Bauernkrieg sind anderthalb Jahrhunderte verstrichen. Die Erinnerung an den Dreißigjährigen Krieg, der die Stadt so ausgezehrt hat, verblasst immer mehr. Jetzt, zwei Dezennien später, ist Arnstadt im Aufblühen begriffen.

Das Handwerk durchlebt güldene Zeiten. Allein 121 Brauhöfe werden gezählt. Die als Fayence gerühmte Blautöpferware ist weit über die Grenzen der schwarzburgischen Grafschaft hinaus begehrt. Künstler, Gelehrte und Beamte zieht es in die werdende Residenz.

Aufgeklärte Zeiten also? Nicht nur! Das Jahr 1669, das ist zugleich jenes, in dem das vermutlich unheilvollste Buch aller Zeiten seine 29. Auflage erlebt. Bereits anno 1486 war *Malleus Maleficarum* (Der Hexenhammer) erstmals erschienen. Auf 286 eng bedruckten Seiten beschreibt das Machwerk das Treiben der Satansjünger. Vor allem aber liefert der Hexenhammer eine detaillierte Anleitung ab, wie Hexenprozesse zu führen seien – inklusive einer juristischen Spitzfindigkeit.

Im Gegensatz zu anderen *Policey-Sachen* gehen Kläger und Denunzianten kein persönliches Risiko ein. Stellt sich die

Die Angeklagte wurde in eines der Verliese unter dem Neidecksturm gesperrt. In einem anderen Turm, dem Hexenturm, könnte sie eventuell ihre letzten Tage verbracht haben. Vom Renaissance-Schloss Neideck sind nur noch der Turm und Mauerreste vorhanden. Der Hexenturm befand sich am Arnstädter Kohlmarkt und wurde 1837 abgerissen.

Kritik am Hexenwahn

Zu Beginn des 17. Jahrhunderts begannen sich Gegner des Hexenwahns zu formieren. Zu ihnen gehörte Johann Matthäus Meyfart, der 1632 Professor an der theologischen Fakultät der Universität Erfurt sowie vier Jahre später Pfarrer an der dortigen Predigerkirche wird.

Anno 1635 tritt Meyfart mit der Schrift ›Christliche Erinnerung an Gewaltige Regenten‹ an die Öffentlichkeit. Ausführlich schildert er, mit *welch schandhafftig Methoden die Hencker unnd Peiniger den kostbahren Leib des Menschen so geringlich achten.* Geschickt vermeidet es Meyfart, gegen den weit verbreiteten sowie durch mächtige Kirchenfürsten autorisierten Hexenglauben zu polemisieren. Stattdessen verlegt er sich ausschließlich auf strafrechtliche Aspekte – *auf der Hencker freye Macht.*

Meyfart zieht eine aufrührerische Schlussfolgerung. *Allhier wird dargethan daß durch Marterzwang und Sinnenbethörung viel unschüldige Personen in dem gewöhnlichen Hexen Proceß können umb ihren redlichen Namen verdiente Ehr und liebes Leben gebracht werden.* Kurzum: Seine Plädoyer, die Folter abzuschaffen, zielt darauf, den Hexenprozessen ihren Boden zu entziehen. Ohne erpresste Geständnisse sind letztlich keine Schuldsprüche möglich.

Meyfarts Schrift stößt ebenso wie eine zuvor erschienene Polemik seines Freundes, des Jesuiten Friedrich von Spee, auf wachsenden Zuspruch bei Juristen, Geistlichen und Fürsten. Sie trägt dazu bei, die Hexenverfolgung abflauen zu lassen. Noch aber sollte es 96 Jahre dauern, ehe der letzte Scheiterhaufen in Thüringen erlosch: anno 1731 in Mühlhausen.

Unschuld der Beklagten heraus, müssen sie nicht befürchten, selbst bestraft zu werden.

Die Prozessakten der Schulzin lassen keinerlei Zweifel aufkommen: Der *ehrenveste, wohlgelahrte, hochgeehrte Ambtschösser* (Amtmann) Christian Musäus hält sich penibel an den bewährten Hexenhammer. Eine gnadenlose Menschenjagd nimmt, wie schon abertausende Male zuvor, ihren Lauf.

Zunächst sind es der Seiler Darr sowie zwei Zeugen, die am 14. April, dem Mittwoch vor Ostern, verhört werden. Ihre Aussagen decken sich. Demnach seien kürzlich Heinrich Darrs Vetter und sein Lehrbursche voller Angst nach Hause gerannt gekommen, verfolgt von dem ein Messer in der Hand haltenden Nicol Schulze.

Welche Art von Streit sich zwischen Schulzes und den Knaben zuvor zugetragen hatte, bleibt im Dunkeln. Vielleicht war es lediglich ein Dummer-Jungen-Streich, den die beiden ihren Nachbarn gespielt hatten.

Der muss Barbara Elisabeth Schulzin indes so erzürnt haben, dass sie den Bengeln hinterher ruft, sie werde sie *mit hienüber nehmen*. Ein Fluch nur, nicht mehr. Doch was für ein Fluch! Statt des allgemeineren ›Der Teufel möge euch holen‹ setzt die Schulzin einen ganz anderen Akzent. Sie selbst will für die Höllenfahrt sorgen.

Hat sich die *hexenhure* damit zu erkennen gegeben?

Ostern steht vor der Tür. Die Ermittlungen ruhen für vier, fünf Tage. Nicht so die Gerüchteküche. Es gibt nur ein Thema. Die Schulzin fürchtet um ihren Leumund, vielleicht sogar schon um ihr Leben. Sie besucht mehrere Nachbarn, den Pfarrer. Sie beteuert ihre Unschuld. Alle nicken. Doch für sie aussagen, nein, das wollen sie nicht. Wer sich mit Hexen gemein macht, muss damit rechnen, selbst der Ketzerei bezichtigt zu werden.

Der Superintendent empfiehlt ihr, *fleißig (zu) beten, hette sie aber kein gut gewissen, so solte Sie wegk gehen.*

Flucht? Das käme einem Geständnis gleich. Barbara Elisabeth Schulzin bleibt.

Ab dem Ostermontag beginnen die Mühlen der Justiz unerbittlich zu mahlen. 19 Zeugen werden unter Eid vernommen und berichten *die reine undt unverfälschte Wahrheit*.

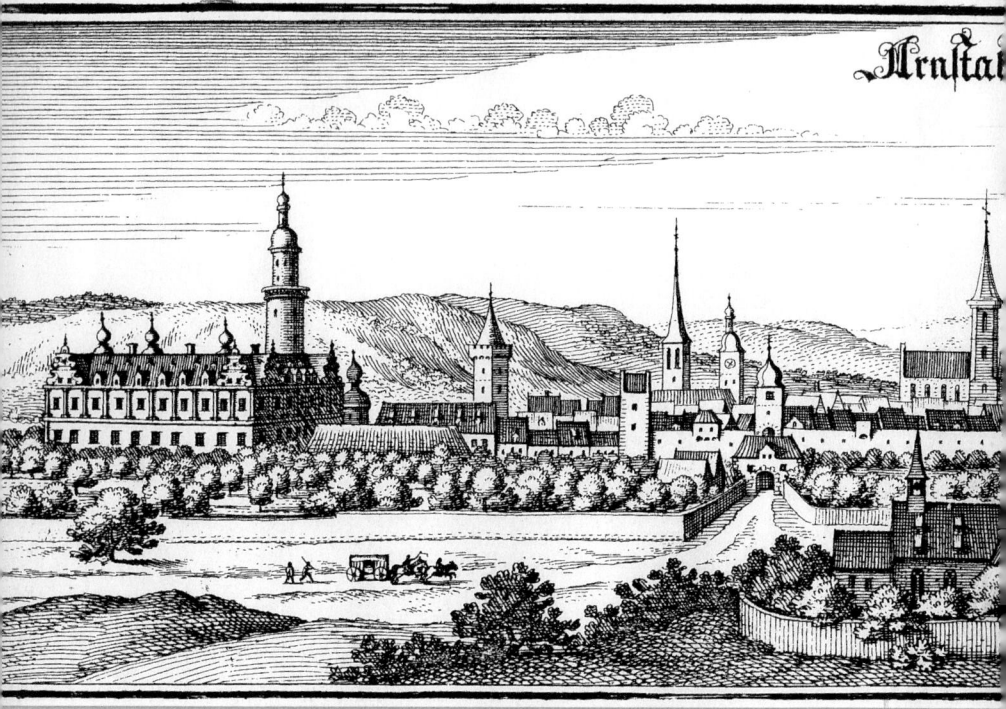

Margaretha Schellenbergerin hat demnach vor vier Jahren einen *sehr großen haasen* gesehen, der in Richtung des Schulz'schen Anwesen *gefahren* sei.

Ihre Tochter Anna Dorothea sah ein *garstiges thier fliegen kommen, so in dem rachen ein stück Speck gehabt.*

Elsa Möllerin weiß von Läusen zu erzählen, die ihrem Kind angehext worden seien. Ob das die Schulzin getan habe, könne sie nicht sagen. Aber Umgang mit ihrem Kinde, den habe die Inquistin schon gehabt.

Ein Zwölfjähriger meldet sich. Er habe einen *klumpen feuer so groß ungefehr als ein hut, in ihrer hausthür sitzen sehen.*

Hans Herrmann Hahn, direkter Nachbar der Beklagten, will seltsame Poltergeräusche und Läuse-Invasionen bemerkt haben.

Eine Barbara Katharina gibt zu Protokoll, die Schulzin habe sie vor zehn Jahren zu einem Walpurgis-Spaziergang gebeten. *Bey dem Siechhoff wolte sie die Hexen tanzen sehen.*

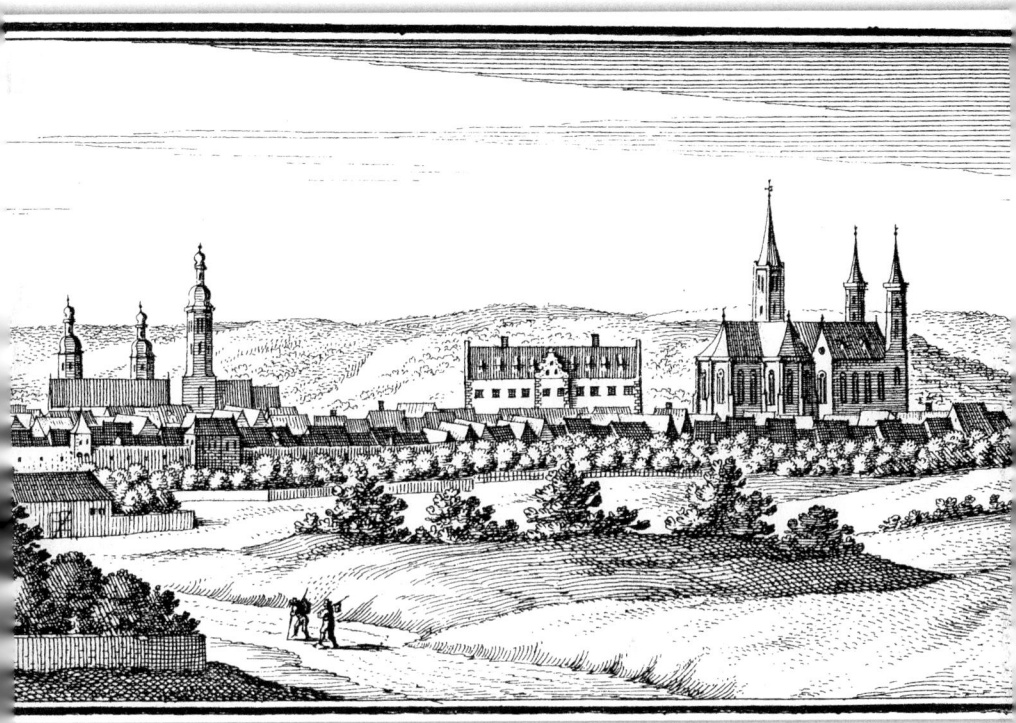

Vier vermeintliche Hexen gab man 1669 in Arnstadt dem Feuer preis. Diese Stadtansicht entstand 19 Jahre zuvor durch Caspar Merian.

Das in Erfurt ansässige *Churfürstl. Mainzisch Vice dom Ambt* avisiert auf dem Postwege eine weitere Aussage. Einem Erfurter Bürger, vormals bei der gräflichen Kasse in Arnstadt tätig, sei vor zehn Jahren Grausames zugestoßen. Nach einem Streit mit der Schulzin um ausstehenden Lohn habe ihn *die bludthure ganz voller Läuse gemacht.*

So absurd die Vorwürfe auch anmuten mögen, sie genügen, Barbara Elisabeth Schulzin den Prozess zu machen. Vermutlich am 20. Mai wird sie ins Verlies von Schloss Neideck gesperrt.

Fünf Tage später lodert in Arnstadt bereits wieder ein *Scheiderhaufen*. Eine unschuldige Frau aus Rockhausen stirbt.

Am 8. Juni das gleiche Procedere. Eine vermeintliche Hexe wird *vor dem Lazareth decolliret* (geköpft) und verbrannt.

Hat die Schulzin von jenen Hinrichtungen in ihrer stockfinsteren Zelle erfahren? Es steht zu vermuten: Nur wenige Stunden nach der letzten Verbrennung *flüchtet sie aus der verhafft*. Nackt zwängt sie sich durch die Gitterstäbe, *badet durch das wasser* des Schlossgrabens und wird wenig später wieder ergriffen.

Noch aber ist die vermeintliche Hexe nicht geständig. Der Amtmann erkundigt sich deshalb bei einem auswärtigen Richterkollegium, wie er verfahren soll. Der Leipziger Schöppenstuhl empfiehlt die Folter.

Am 30. Juni schreitet der Scharfrichter zur Tat. Entblößen. Daumenschrauben. Streckleiter. Schnüre. Das ganze Programm. Stundenlang.

Als Barbara Elisabeth Schulzin zu gestehen beginnt, haben die *Herren Räthe* längst die Folterkammer verlassen. Zu grausig war ihnen die Marter, der sie eigentlich beiwohnen sollten.

Den 12. Juli ist Barb. Elis. Futterschneiderin geköpfet und hernach verbrannt worden.

Es vergehen einige Monate, da zahlt es der Feuerteufel auf seine Weise der vom Verfolgungswahn besessenen Stadt heim. Am 3. April 1670 legt er *163 Wohnhäuser in die Asche, darunter das Gräfl. Amt-Hauß*.

So jemandt den leuten durch zauberey schaden oder nachtheyl zufügt, soll man straffen vom leben zum todt, unnd man soll solche straff mit dem fewer thun.

Paragraph CIX der Peinlichen Gerichtsordnung, der sogenannten Carolina. Die Constitutio Criminalis Carolina von 1532 war das erste allgemeine deutsche Strafgesetzbuch.

Unter der Folter gestand die Schulzin, ein intimes Verhältnis mit Satan gehabt zu haben.
Dies war ihr ursprünglich überhaupt nicht vorgeworfen worden.

Die Satansjünger

54

Nach einer Teufelsbeschwörung büßen im Jahre 1715 drei Menschen mit ihrem Leben. Der Anstifter, ein Jenaer Student, überlebt. Obwohl in jener Zeit noch immer Scheiterhaufen lodern, kommt er mit einem milden Urteil davon.

Ihre Durchlaucht waren alles andere als amüsiert. Mit großem Widerwillen, so lässt Johann Georg zu Sachsen-Eisenach am 24. September 1694 per Erlass wissen, habe er von ständigen Disziplinlosigkeiten der *auf Sr. Fürstl. Durchl. gesamten Universität Jena befindlichen Studiosi* erfahren. Deshalb sehe er sich gezwungen, bereits *publicirte Verbothe des übermäßigen Sauffens, Nachtschwermens und Verübung allerhand Unfugs* zu bekräftigen.

Der Fürst kündigt diverse Strafen und Verbote an. Die Jenaer Gasthäuser sollen *Winters-Zeit um 9 und Sommers-Zeit um 10 Uhr abends schliessen.* Wirte, die dagegen verstoßen, hätten 10 Taler zu berappen. Des *übermässigen Truncks* frönende Studenten müssten mit der Relegation rechnen. Und wer sich duelliere, werde *wenigstens 4 Jahr mit schwerer Gefängnüß oder Arbeit beleget.*

Hoheit spielt mit den Muskeln. Beeindruckt das die Studiosi? Eher nicht, wie die so genannten Tumult-Akten erahnen lassen. Es sind derer sieben dicke, unhandliche Bände. Die in derbe Pappdeckel gebundenen handschriftlichen Akten zeichnen ein schillerndes Bild jener Tage. Vom *greßlichen Schreyen und Ruffen auf der Strasse* ist die Rede, von die Studenten betörenden *Huren und anderen frechen Frauenspersonen.* Es geht um Beleidigungen und deren Ausräumung mit dem Degen. Summa summarum sind mehrere hundert Delikte aus den Jahrzehnten vor und nach 1700 aufgeführt.

Inmitten all dieser *Disciplin-Sachen* sollte eigentlich ein ganz besonderer Fall zu finden sein. Eine Teufelsbeschwörung. Angezettelt von einem Sudenten der Universität, hatte die Seance drei Tote gefordert. Kein kleiner Fall. Ein dicker Fisch. Das sah man schon damals so. Wenigstens ein Dutzend zeitgenössischer Druckschriften beschäftigte sich 1715/16 mit dem Fall. Teils werden darin seitenweise amtliche Dokumente zitiert.

Dennoch: Originale Schriftsätze sind nirgends zu finden. Weder in den Tumult-Akten noch in den *Criminal-Acten vom Amt Jena.* Fehlanzeige auch im Thüringischen Hauptstaatsarchiv zu Weimar. Hier sind Polizeisachen der Jahre 1536 bis 1896

Benebelt von den Kohlengasen liegen die Teufelsbeschwörer bewusstlos im Weinbergshäuschen. Zwei büßen mit ihrem Leben. Einige Tage darauf stirbt noch ein Wachmann, der ebenfalls ein Feuer im Kohlebecken entfacht hatte. Zeitgenössische Zeichnung von 1716.

Anno 1715/16 | Die Satansjünger

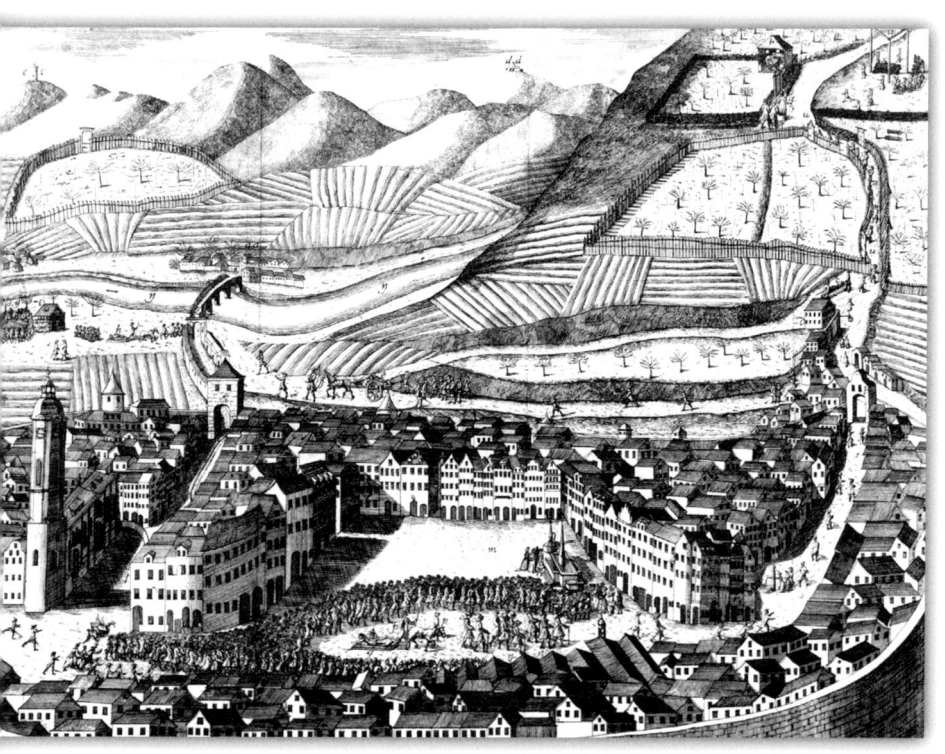

Am 11. Januar 1716 wurden die beiden toten Teufelsbeschwörer mit Schande bestattet. Ihre Leichname wurden, so eine damalige Schrift, *unter Begleitung zweyer Scharff-Richter und deren beyden Knechten auf einer Schinder-Schleife von dem Pestilentz-Hause weg und durch die Stadt über den Marckt nach dem Galgen zu geführet und daselbst tief eingescharret*. Zeitgenössische Zeichnungen von 1716.

sowie besondere Fälle der Rechtspflege, etwa Hexenprozesse, akribisch in Karteien aufgelistet. Indes: Jene Teufelsbeschwörung wird nicht mal erwähnt. Sind die Dokumente verschollen?

Jena, im Dezember 1715. Es ist vermutlich erst wenige Tage her, dass ein gewisser Johann Gotthard Weber in der Stadt weilt. Noch hat es der *Studiosus Medicinae* nicht mal geschafft, sich in die Matrikel einzuschreiben. Eines aber weiß er schon jetzt: Ein standesgemäßes Outfit tut Not – inklusive des zur Schau getragenen Degens. So begibt sich Weber kurzerhand zu einem Schneider. Beim Maßnehmen tischt dieser eine abenteuerliche Story auf. *Es wüßte ein Schäfer einen großen Schatz, zu dessen Hebung es*

aber an der Spring-Wurtzel und Dr. Fausts Buche, so der Titel Höllen-Zwang führete, fehle.

Der Student ist Feuer und Flamme, will den Schäfer treffen. Er muss sich nur wenige Tage gedulden. Am 21. Dezember lernt er Hans Friedrich Geßner kennen. Bei einigen Kannen Bier packt Geßner aus. *Der große Schatz trüge etliche Königreiche aus, bestünde in Gold und Edelgesteinen, worbey sich ein Carfunckel befände, der so helle wäre und einen Glanz von sich gäbe wie die Sonne.*

Es ist vor allem die verheißungsvolle Detailtreue, die selbst in der Überlieferung noch immer zu verblüffen mag. Mit eigenen Augen will der Schäfer gesehen haben, dass *in dem Gewölbe, wo der Schatz sich befände, ein kleiner Hund herumb liefe und die Geschmeide* bewache. Zudem seien die Kleinodien in ein Bärenfell gehüllt und mit Ketten umwickelt. Sagt's und zaubert als Beweis einige Münzen hervor, wie sie Student Weber zuvor noch nie gesehen hatte. Die eine Seite zeigt Elefanten, die andere eine babylonische Hure auf einem Drachen.

Beide werden alsbald einig. Der Schäfer weiß, wo der Schatz zu finden ist, der Student, wie man sich eine das Gewölbe öffnende *Spring-Wurtzel* beschaffen kann. Er besitze außerdem magische Bücher, darunter den *Höllen-Zwang*.

Der Höllenzwang des Dr. Faust. Das Buch gehört zu den legendärsten Schriften der frühen Neuzeit. Spätestens für das Jahr 1609 lässt sich sein Druck nachweisen. Das Buch, so heißt es im Vorwort, handele auch *vom Schatzgraben und von wunderlicher Vorstellung der Geister, wovon ich, Johannes Faust, Doctor et Mag. celebriret, erstlich diesen Bericht ertheilet.*

Nur drei Tage später beginnt das Verhängnis seinen Lauf zu nehmen. Weber und Geßner verabreden sich für die Christnacht in einem der damals bei Jena existenten Weinberge. Das dortige *Häußlein* gehört, welch Zufall, ebenjenem Schneider, der die beiden erst miteinander bekannt gemacht hatte. Allerdings lehnt es dieser Georg Heichler ab, sich an der Beschwörung zu beteiligen. Statt seiner stößt ein Kumpan des Geßner hinzu. Hans Zenner, ein Bauer. Seine Rolle verliert sich im Dunkel der Geschichte.

Der Ablauf der nächsten Stunden lässt sich einzig aus der Erinnerung des Medizinstudenten rekonstruieren. Zunächst eröffnet Geßner die Runde, indem er *mit des Studiosus bloßen Degen einen Crayß an die Decke des Häußgens machte*. Danach hält sich Weber strikt an die Vorgaben des Höllenzwangs. Er stößt magische Formeln aus. *Tetragrammaton* schallt durch den Weinberg, und *Adonai Agla*. Immer und immer wieder. Auch *Och aus dem Reiche der Sonnen* ruft der Student an. Dieser möge ihm den *Geist Nathanel in sichtbarlicher und menschlicher Gestalt stellen, damit solcher ihnen zu Hebung der Schätze behülflich seyn möchte.*

Ob ein Geist erschienen sey oder nicht, so gibt Weber einige Tage darauf zu Protokoll, könne er nicht sagen. Er wisse nur, dass er bei

Beschwörung mit Nabelschnur

Zur Beschwörung der Geister benutzte der Student Johann Gotthard Weber laut zeitgenössischen Quellen unter anderem *ein zusammen gedorrtes Näbelgen, vermuthlich von einem kleinen Kinde, umb welches ein roter Faden gewickelt*. Außerdem hatte er zwei dämonische Schriften mit sich geführt, diverse Zettel voller geheimnisvoller Zeichen und einige Münzen. Auf dem zur Beschwörung genutzten Tisch lag zudem *ein Catholischer Rosen-Crantz*.

der dritten Wiederholung seiner Formeln *wie von einem Schlafe überfallen* worden war. In tiefer Ohnmacht hatte man ihn am nächsten Nachmittag gefunden. Die anderen, Zenner und Geßner, waren mausetot.

Ihre Obduktion liefert keinerlei Hinweise auf ein gewaltsames Sterben. *Das Gehirn und alle Viscera (die Eingeweide) wurden im natürlichen Stande befunden.* Allerdings geben den Ärzten eigenartige Flecken gehörige Rätsel auf. Die Male erinnern an Verletzungen, *die angezündetes und in die Haut geschlagenes Büchsen-Pulver* verursachen könne. Auch der *halb todte* Weber ist mit ähnlichen roten Flecken übersät.

Hatte Satan die Bauern geholt und den Studenten gezeichnet?

Erst als es einen dritten Toten gibt, lichten sich die Schleier. Es ist ein Unbeteiligter, der da stirbt. Mit dem Belzebub hat er nichts am Hut. Er gehört zu jenem Häuflein, das die Behörden zur Bewachung des Tatortes abkommandiert hatten. Als es den Aufpassern nachts zu kalt ist, machen sie es sich im *Weinbergs-Häußlein* gemütlich. Welch Glück, dass *in einem daselbst stehenden mittelmäßigen Blumen-Topffe* halb abgebrannte Kohlen liegen. Sie stammen noch von den Satansjüngern …

Das offene Feuer, der enge Raum – eine fatale Kombination. Binnen kürzester Zeit müssen enorme Mengen an Kohlengasen durch den Raum gewabert sein. Schwindelgefühle und Bewusstseinstrübungen waren die unmittelbare Folge, danach Atemstillstand und Tod.

Der damalige Stadt-Physicus von Jena, Johann Adolph Wedel, ahnt dies als Erster. Er testet die Kohlen, und das sogar auf

Aus dem Obduktionsbericht

Auch der Leichnam des getöteten Wächters Johann Georg Beyer wurde seziert. Daraufhin resümierte der Arzt: *Der Leib schon gantz grün und blau über und übergegangen und an beyden Fußsohlen recht Zinnober-rothe Flecken von dem darinne stagnierendem Geblüthe sich zeigeten … Sonst aber in cerebro nichts ausserordentliches.*

Geschmack. Danach verfasst er ein Gutachten. *Dabey ist gemeldet, daß dennoch der Dampff von solchen neu angebranten Holtz-Kohlen, wann er durch die Inspiration häuffig eingezogen wird, höchstschädlich und öfter tödlich sey.*

Noch aber soll es einige Wochen dauern, ehe sich derartige Vernunft in der Bewertung des Falles durchsetzt. Wir schreiben die Jahre 1715/16 und damit noch immer die Zeit des Hexenwahns. Erst 1731 wird in Thüringen letztmals ein Scheiterhaufen lodern. Aber immerhin: *Die Fürstlichen Commissarien* leiten ihre *Inquisitions-Acta* von Jena aus an die Universität Leipzig weiter. Zur Begutachtung.

Die Gelehrten antworten mit einem salomonischen Responsum. Gott habe die *Teuffels-Beschwehrer bereits durch natürliche Mittel* bestraft. Deshalb genüge es, dem überlebenden Weber die akademischen Bürgerrechte abzuerkennen und ihn ewig des Landes zu verweisen.

Mitten hinein in die Urteilsfindung platzt eine Nachricht aus Schneeberg (Erzgebirge). Dort werden *in Citirung der Geister begriffen gewesene Schatzgräber* verhaftet. Ihre Kammer bot einen vertrauten Anblick: *Unter dem Tische sah man eine Feuerpfanne mit Kohlen.*

Abergläubischer Medizinstudent

Der Satansjünger Johann Gotthard Weber war seit 1715 *Studiosus Medicinae* in Jena. In den Matrikeln der Universität ist er nicht verzeichnet – weder unter Weber, Weberi, Weberus oder Textor (lateinisch für Weber). Eventuell hat sich Weber nicht einschreiben können, da zwischen Studienbeginn und Geisterbeschwörung nur eine kurze Zeitspanne lag.

Zuvor hatte Weber in Leipzig studiert. Hier ist er auch in den Matrikeln verzeichnet. Der Eintrag lautet: *Weber, Johann Gotthard. Reichenbach. Var. prom. i W 1711 M 80.* Mit anderen Worten: Er hat sich in Leipzig im Wintersemester 1711 unter der Meißnischen Nation als laufende Nummer 80 eingeschrieben sowie den Eid (prom.) auf die Universität gesprochen. Die Angabe Reichenbach verweist auf den letzten Aufenthaltsort des Weber. Hier hatte sein Vater als Bildhauer gearbeitet.

Die Leichen der Teufelsbeschwörer wurden unter dem Jenaer Galgen verscharrt. Inzwischen befindet sich an gleicher Stelle ein Mahnmal für die Opfer des Ersten Weltkriegs.

Anno 1715/16 | Die Satansjünger

Das Phantom der Rhön

Es gibt Rehbraten mit Klößen und Apfelrotkohl, die Forelle ist Müllerin Art – doch einen Räuberbraten, den sucht man auf der Speisekarte des Gasthofes ›Rhönpaulus‹ vergebens. So geht es in dem Dermbacher Lokal kaum anders zu als im wirklichen Leben. Rhönpaulus ist ein Mysterium. Von der legendären Räubergestalt haben zwar viele schon gehört, aber gesichertes Wissen gibt es kaum. Deshalb blättern wir in Jahrhunderte alten Gerichtsakten und Kirchenbüchern, besuchen das Gefängnis des Räubers und erfahren dabei auch von einer angstvoll geplanten Hinrichtung.

Der Makel des Unanständigen haftete dem Rhönpaulus seit seinem ersten Atemzug an. *Am 5. Februar 1736 ist Hannae Reginae Paulin ein unächtes Söhnlein gebohren, welches sie mit Sigmund Günthern, einem Hildburghäuser Soldaten, in Unehren gezeuget.*

So überliefert es das Kirchenbuch von Weilar, einer kleinen Gemeinde in der Rhön. Voller Schwung fließt die Schrift übers stockfleckige Papier. Manch Silbe ist kaum noch zu lesen.

Doch diese eine Formulierung, sie sticht hervor. *Ein unächtes Söhnlein.*

Als ob der Junge etwas für *das Gebrechen seiner Geburt* könnte, wie man im damaligen Amtsdeutsch zu sagen pflegt.

Das Knäblein erhält sechs Taufpaten. Drei Frauen, drei Männer. Diese Vielzahl soll, so ist es Sitte, für eine christliche Erziehung bürgen. Zudem geben die männlichen Paten – Johann Hermann Krug, Johann Heinrich Adame, Johann Valentin Röder – dem Täufling je einen Vornamen. Johann Heinrich Valentin. Dazu der Nachname der Mutter: Paul.

Fünf Jahre später, anno 1741, soll Hanna Regina Paul gestorben sein. Der heutige Pfarrer zuckt mit den Schultern. Genauer weiß auch er es nicht. Zu jener Zeit seien keine Sterbeeinträge mehr getätigt worden.

Die Geburtsurkunde des Rhönpaulus steht am Anfang der Recherche. Briefe, Gerichtsakten, Tagebücher folgen. Sie summieren sich auf mehr als 2.000 Seiten, die meisten sind handschriftlich. Schließlich wird feststehen: Nirgends sonst als im Weilarer Kirchenbuch findet sich ein authentischer Nachweis

Im Schloß von Kaltennordheim wurde Rhönpaulus eingekerkert. In die Wände des Verlieses sind Ringe eingemauert. Wurde Rhönpaulus hier angekettet?

für die Existenz jenes Mannes, der zu einem berühmten Räuber des 18. Jahrhunderts werden sollte, zu Thüringens Robin Hood. Alles andere ist Legende, ist Überlieferung und, ja, auch das: ist dichterische Freiheit. Sagensammlungen wurden verfasst, Bühnenstücke, ein Jugendbuch.

Der Schnurren und Sagen gibt es viele. Mal ist Paul Wegelagerer, mal Wilddieb. Die schönsten Hirsche soll er geschossen haben. Er schmuggelt, haut reiche Bauern übers Ohr, teilt die Beute mit den Armen, gibt Amtsdiener dem Gespött preis.

Immer wieder gelingt es Rhönpaulus, sich der Verfolgung zu entziehen. Ob dieses Geschicks wird ihm alsbald nachgesagt, es sei Zauberei im Spiel.

Unbestritten im Spiel ist vor allem eines: die territoriale Zerissenheit der Region. Paul agiert in einem Fünf-Länder-Eck. Die Fürstbistümer Fulda und Würzburg gehören dazu, das reichsritterliche Amt Tann sowie die Herrschaftsgebiete von Sachsen-Meiningen und von Sachsen-Weimar-Eisenach.

Das Leben verwirkt

Im Jahre 1758 erließ die Weimarer Regierung ein Mandat gegen Räuber. In diesem Erlass wurden auch Strafen benannt. In dem Dokument heißt es:

> *So setzen und ordnen Wir, daß diejenige, welche einen Einbruch unternommen, mit einer Rotte oder einer Diebes-Bande ein Complott zu einem Einfall gemacht, oder sich eine Zeitlang bei einer Diebs- oder Jauner-Bande, die auf das Stehlen auszugehen pfleget, gewesen, und sonderlich in denen Wäldern und auf den sogenannten Feuer-Plätzen mit ihnen sich aufgehalten ... das Leben verwürket haben.*
> *Weil auch zu dergleichen Banden mehrenteils liederliches Weibes-Volk sich zu gesellen pfleget, so wollen wir, daß diejenigen Weibes-Leute ... mit dem Schwerd vom Leben zum Tod gebracht werden sollen.*

(Zitiert nach ›Mandat wider alles rottenweise herumstreifende Jauner- Streicher- und Räuber-Gesindel, auch Zigeuner‹)

Das Verlies des Rhönpaulus: Im Torhaus des Kaltennordheimer Schlosses wurde der Rhönpaulus mehrfach inhaftiert. Das noch immer erhaltene Männerverlies befindet sich unmittelbar über einer Toreinfahrt. Seine Fenster sind nicht nur vergittert, sondern auch äußerst schmal. Sie lassen deshalb kaum Licht herein. Gegenüber dem Torhaus stehen eine etwa 500 Jahre alte Linde sowie das Amtsgericht.

Keine Frage: Das sind ideale Bedingungen für den Schmuggel mit dem damals hoch besteuerten Salz.

Was bringt Paul dazu, auf kriminellen Pfaden zu wandeln?

Wird er aus Not zum Räuber? Gehört er zum Typus des kaltschnäuzigen Berufsverbrechers?

Alles beginnt mit dem Waffenhandwerk. 1759 wird Johann Heinrich Valentin Paul, was sein Vater war. Soldat. Er zählt 23 Sommer, ist heiratsfähig.

Tatsächlich soll es eine Braut gegeben haben. Deren Vater indes, ein wohlhabender Bauer, verweigert dem unehelich Geborenen die Heirat.

Paul zieht mit den Preußen in den Siebenjährigen Krieg. Im ersten Friedensjahr, anno 1764, kehrt er zurück. Die

Umstände sind ziemlich zweideutig überliefert. Eventuell ist er desertiert.

Auf jeden Fall schlägt sich der Heimkehrer nicht mit rechtschaffener Arbeit durch. Er wird Salzschmuggler, fällt mitunter auch durch aufrührerische Reden auf.

Keine zwei Jahre vergehen, da wird Johann Heinrich Valentin Paul zum ersten Mal inhaftiert. Man bringt ihn nach Kaltennordheim, in den Turm.

Die Zelle befindet sich im mittelalterlichen Torhaus der alten Wasserburg. Eine knarrende Holztreppe führt noch immer hinauf ins Männerverlies. Die teils meterdicken Mauern sind weißgrau getüncht, strahlen eine unwirtliche Kälte ab. Die beiden vergitterten Fensterchen lassen kaum Licht herein. Schaut man heraus, fällt der Blick auf eine gut 500 Jahre alte Linde. Schon zu Rhönpaulus' Zeiten hat sie den Schlosshof dominiert.

Nur wenige Schritte weiter ein gelb gestrichener, breiter Steinbau. Das Amtshaus. Es ist erst zu Lebzeiten des Paul in die Burganlage hineingesetzt worden.

Noch aber macht man ihm hier keinen Prozess. 1776 gelingt es Rhönpaulus, auszubrechen.

Damit beginnen die unstetesten Jahre im Leben des Johann Heinrich Valentin Paul. Sie haben so gut wie nichts mit ihrer späteren romantischen Verklärung zu tun. Auch wenn Rhönpaulus nicht mit einer Bande agiert, sondern als Einzelgänger, ist er nichts anderes als ein Gewohnheitsverbrecher – und damit ständig auf der Flucht.

Das *herumstreifende Jauner- Streicher- und Räuber-Gesindel* jedenfalls wird mit großem Aufwand verfolgt. So ergehen im Herzogtum Sachsen-Weimar-Eisenach wiederholt amtliche Mandate und Patente, die der Verfolgung von Räubern gelten. Zu deren Unterzeichnern gehört auch Anna Amalia, die für ihre Feinsinnigkeit weithin gerühmte Herzoginnenmutter.

Zu den verfügten Pass- und Meldebestimmungen gehört, dass Gastwirte ausnahmslos jeden übernachtenden Gast der Obrigkeit anzuzeigen haben. Jeder Schankwirt, der dies unterlässt, soll *in Zwanzig Thaler Strafe verfallen seyn, und wenn er diese Unvermögens halber nicht erlegen könnte, mit hartem Gefägniß bei Wasser und Brod, oder auch dem Befinden nach mit Zuchthaus-Strafe angesehen werden.* Das macht es Räubern wie Paul

Das einzig verbürgte Dokument: Im Kirchenbuch von Weilar findet sich unter dem 5. Februar 1736 der Taufeintrag des Johann Heinrich Valentin Paul. Der unehelich geborene Rhönpaulus trug die Vornamen seiner drei männlichen Paten. Die Kirche ist Ausgangspunkt eines Wanderweges, der am Heimatmuseum von Dermbach endet.

extrem schwer, einen halbwegs anständigen Unterschlupf zu finden.

Bis heute gilt denn auch lediglich ein einziger Rastplatz des Rhönpaulus als mehr oder weniger verbürgt. Zwischen Glattbach und Wiesenthal, in einem von Eiben bestandenen Wald, soll der Schmuggler ab und an in einer Höhle gehaust haben. Deren verfallener Eingang ist inzwischen ein Wandererziel.

War Paul hier vor Verfolgung wirklich sicher? Eher nicht.

Ämter und Gerichte haben *die Anordnung zu machen, wenn flüchtige Jauner, Diebe, Räuber und Zigeuner verfolgt werden, an die Glocken geschlagen, und jeder Unterthan und Untersaß dadurch ermuntert werde, das Seinige zu Aufhalt- und Arretierung derselben nach Möglichkeit beizutragen.*

Der Gebrauch von Gewehren ist ausdrücklich erlaubt.

Dennoch: Die Jagd auf *Spizbuben*, wie Goethe die Räuber nennt, ist oft auch erfolglos. Er berichtet von einer solchen Hatz anno 1776. *Man hat gestreift, nichts gefunden – die 6 Husaren sind heut eilfe hergekommen, durchs Arnstädtische visitierend. Und wollen morgen auf Frauenwalde. Ich will mit.* Man trägt sich mit Historien vom Teufel, entkleideten Weibern ... das mag denn nun seyn, wie die Gerüchte gewöhnlich.

Vier Jahre später. Wieder ist Goethe unterwegs. Diesmal in den Gefilden des Rhönpaulus. Der Geheime Legationsrat unternimmt im Auftrag Sachsen-Weimar-Eisenachs eine Inspektionsreise durch die Rhön.

Am 13. September 1780 schreibt er in Kaltennordheim einen Brief an Charlotte von Stein. Darin finden sich zwei Sätze, die viel Raum für Spekulationen lassen. *Dann hat mir ein böser Prozess einige Stunden Nachdenckens und Schreibens gemacht. In meinem Kopf ists wie in einer Mühle mit viel Gängen wo zugleich geschroten, gemahlen, gewalckt und Oel gestossen wird.* Ein böser Prozess? Was genau meint Goethe?

Spielt er darauf an, dass in jenem 1780er Jahr Rhönpaulus erneut im Turm einsaß – und damit nur einen Steinwurf entfernt von dem Amtsgericht, das Goethe besucht hatte?

Aus des Dichters Papieren geht nichts dergleichen hervor.

Gerichtsakten, die Aufschluss geben könnten, liegen in der thüringischen Rhön nicht vor. Fehlanzeige auch im Staatsarchiv Hessen, das Dokumente der Fuldaer und der Dermbacher Ämter verwaltet.

Bleibt Weimar. Abertausende Akten lagern hier im Hauptstaatsarchiv, darunter die Bestände des Jenaer Schöppenstuhls. Das Juristengremium war per herzogliches Mandat beauftragt, in allen Strafsachen wider Räuber sein Votum abzugeben.

Wenn in Kaltennordheim über Rhönpaulus geurteilt wurde, dann müsste es einen solchen Schöppenspruch geben.

Die Sprüche des Jahres 1780. Jeder Monat ein Bündel. Dickes Garn schnürt jeweils rund 150 lose Blätter zusammen. Januar, Februar, März ... Alle drei, vier Seiten ein neuer Fall. Schließlich der Juli, ein Anschreiben aus Kaltennordheim. *Hochwohl- Wohl- und Hochedelgebohrne beste und Rechts-Hochgelahrte Herren* steht in geschwungenen Buchstaben als Anrede.

Als vormaliger Soldat war Rhönpaulus mit Waffen vertraut. Gut möglich, dass er als Räuber eine solche Steinschlosspistole geführt hat. Diese Pistole gehört zum Bestand des Erfurter Stadtmuseums.

Dann aber, beim Weiterlesen, naht Enttäuschung. Die Kaltennordheimer bitten den Schöppenstuhl zwar um ein Votum, nicht aber in Sachen Paul.

Wie auch immer: Der Schöppenstuhl hätte ohnehin nur zu einem vorgefassten Urteil kommen können. Die Gesetze kennen nur eine einzige denkbare *straff der rauber*. Den Tod.

Paul soll 1780 nahe Glattbach gehenkt worden sein. Zwar ist auch dies urkundlich nicht belegt. Dafür hat ein mannshoher Kasten die Zeitläufe überdauert. In ihm wurde, heißt es, der Räuber zum Galgen gebracht.

Die Bauweise der Kiste zeugt von der Furcht, die man vor dem angeblich mit dunklen Mächten im Bunde stehenden Delinquenten hatte. Um zu verhindern, dass Paul beim Transport Kontakt zur Erde und damit zum Teufel bekommt, wurde ein doppelter Boden eingezogen.

131 Jahre nach der Hinrichtung erfährt der Kasten besondere Weihen. 1911 wird er ins Lexikon der Bau- und Kunstdenkmäler Thüringens aufgenommen – mit dem besonderen Hinweis, Paulus sei Raubmörder gewesen.

Ist der Rhönpaulus vielleicht doch nur ein Phantom? Verschmolzen in seiner Gestalt vielleicht gar mehrere Räubergeschichten des 18. Jahrhunderts zu einer neuen Sage? Wäre der Robin Hood der Rhön damit ebenso *unächt* wie jenes Söhnlein, das 1736 geboren wurde?

Alles scheint möglich.

In dieser Eichenholzkiste wurde Rhönpaulus angeblich 1780 zum Richtplatz bei Glattbach transportiert. Zu sehen ist der sogenannte Pauluskasten im Heimatmuseum von Dermbach.

Anno 1780 | Das Phantom der Rhön

Das Gewebe der Bosheit

Von vom Teufel besessenen Nonnen, der Unzuverlässigkeit der Folter sowie dem geheimen Spiel der Leidenschaft: Im Jahre 1792 bricht Friedrich Schiller öffentlich eine Lanze für das Schreiben von Kriminalgeschichten. Er gibt vier Bände heraus und verhilft damit dem Genre zu seinem Durchbruch in Deutschland.

Die fromme Tochter. Der übermüthige schlechtdenkende Reiche. Die Courtisane. Der Polizeyminister. Der Mörder. Der Mönch. Der kleine Dieb und seine Gehülfen.

Im Frühjahr 1799 listet Friedrich Schiller fein säuberlich jenes Ensemble auf, welches zu einer spannenden Kriminalgeschichte gehören sollte. Goethe hält in jenen Märzentagen in seinen Tagebüchern fest, dass ihm der Freund wiederholt *ein tragisches Sujet des entdeckten Verbrechens* unterbreitet habe.

Schiller trägt sich bereits seit geraumer Zeit mit der Idee, eine Komödie oder auch Tragödie unter dem Titel ›Die Polizey‹ zu schreiben. Er wird sich dieses Vorhabens in den nächsten Jahren immer mal wieder erinnern, es gleichwohl aber nie verwirklichen. Bis zu seinem viel zu frühen Tod – er starb 1805 als 45-Jähriger – binden andere Werke die schwindenden Leibeskräfte. Das Dichtergenie ist chronisch krank.

Überliefert ist deshalb lediglich ein dramatisches Fragment der ›Polizey‹. Der Grundentwurf der Handlung, das handelnde Personal. Immerhin!

Kapitalverbrechen hatten Schillers Fantasie bereits etliche Jahre zuvor beflügeln können – etwa in Gestalt eines schwäbischen Räuberhauptmanns. Dieser Friedrich Schwan war nur wenige Monate nach Schillers Geburt (10. November 1759) in einem benachbarten Ort verurteilt und gerädert worden.

Hat man Schnurren über den legendären Schurken auch im Elternhaus des werdenden Dichters zum Besten gegeben? Es ist nicht überliefert.

Im Jahr 1782 gelangt Schillers Drama ›Die Räuber‹ zur Uraufführung. Ein fiktiver Stoff. In jenen Tagen beginnt der Dichter, die wahre Geschichte des Friedrich Schwan zu recherchieren. Er führt anno 1783 lange Gespräche mit dem Sohn jenes Amtsmanns, der den Räuber seinerzeit verhört hatte.

Als Denkmal ist Friedrich Schiller in Weimar allgegenwärtig.

Zwei weitere Jahre ziehen ins Land, ehe er sein Werk vorlegt: Verbrecher aus Infamie. Trotz des Erscheinens lässt ihn das Thema nicht los. 1792 überarbeitet Schiller das Stück. Jetzt trägt es den Titel ›Verbrecher aus verlorener Ehre‹.

Im selben Jahr gibt er einen weiteren, Verbrechen reflektierenden Band heraus. Er nennt sich ›Merkwürdige Rechtsfälle als ein Beitrag zur Geschichte der Menschheit‹. Drei weitere Bände folgen.

Die Räuberpistole des Friedrich Schwan wird in letzterem Werk mit keiner Silbe erwähnt. Stattdessen offeriert der Herausgeber ausnahmslos Fälle aus Frankreich. Sie entstammen einer mehrbändigen Ausgabe des François Gayot de Pitaval.

Dessen Nachname ist bis heute als Synonym für jedwede Sammlung von Kriminalfällen gebräuchlich. Der Pitaval.

Ob Schiller je das französische Original in Händen hielt, ist ungewiss. Zumindest zu seiner umfänglichen Bibliothek hat es nie gehört. Hatte sich der beständig unter Geldnöten leidende Dichter eine Ausgabe geliehen?

Wahrscheinlicher ist, dass der inzwischen an der Universität Jena lehrende Schiller von einer frühen Übersetzung des Pitaval inspiriert worden ist. Eine solche war von 1783 bis 1792 in der in Jena ansässigen Buchhandlung Cuno's Erben erschienen.

Dieser Verlag ist es auch, der Schillers vier Bände herausgibt.

Es sind vor allem didaktische Absichten, die Schiller mit seinen Merkwürdigen Rechtsfällen hegt. Er gibt seinem Werk ein entsprechendes Vorwort mit, geschrieben in *Jena in der Ostermese 1792*.

Darin kritisiert er heftig die Lesegewohnheiten seiner Zeit. *Noch immer sind es geistlose, Geschmak- und Sittenverderbende Romane, dramatisierte Geschichten, sogenannte Schriften für Damen und dergleichen, welche den besten Schatz der Lesebibliotheken ausmachen.*

Verantwortlich dafür sei auch der *allgemeine Hang der Menschen zu leidenschaftlichen und verwickelten Situationen*. Ebendiese würden sich in den literarischen *Geburten der Mittelmäßigkeit* zuhauf finden.

Es wäre doch eine kluge Idee, so schlussfolgert Schiller, *wenn bessere Schriftsteller sich herablassen möchten, den Schlechten die Kunstgriffe abzusehen, wodurch sie sich Leser erwerben könnten – zum Vortheil der guten Sache.*

Die Erstauflage von Schillers Rechtsfällen ist eine antiquarische Rarität. Diese vier Bände stammen aus des Dichters persönlicher Bibliothek. Sie gehören inzwischen der Klassik Stiftung Weimar.

Insbesondere vom literarisch verarbeiteten Kriminalprozess, so führt Schiller aus, verspräche er sich einen *wichtigen Gewinn für Menschenkenntnis und Menschenbehandlung.* Zudem besäßen diese Geschichten stets *den Vorzug der historischen Wahrheit.*

Der Plan, den Pitaval herauszugeben, reift spätestens im Sommer 1791. Vor Schiller türmt sich ein gewaltiges Arbeitspensum auf. 1791/92 sitzt er über der Thalia und der Geschichte des Dreyßigjährigen Krieges. Er überarbeitet den Geisterseher und *den Carlos zu verbeßern fodert beinahe 2 Monate.*

Damit nicht genug, setzt ihm das in Deutschland kursierende Gerücht zu, er sei verstorben.

Der Dichter kränkelt. Er hat *einen starken Katarrh, der alle meine Krämpfe wieder rege zu machen drohte.*

So sieht er sich nicht in der Lage, die Bearbeitung des Pitaval selbst vorzunehmen. Doch Schiller weiß um einen Ausweg. Am 5. Oktober 1791 schreibt er seinem Landsmann Friedrich Immanuel Niethammer, *daß ich Ihren Wunsch, hier (gemeint ist Jena) zu privatisiren, erfüllen helfen kann. Mit Hilfe zweyer Arbeiten die Ihnen weder viel Zeit noch Mühe kosten werden, weiß ich Ihnen für diesen Winter 15 Louisdors zu verschaffen.*

Schiller schlägt zwei Fliegen mit einer Klappe. Er schafft sich die Fleißarbeit des Übersetzens und Bearbeitens vom Hals, er gewinnt somit Zeit für sein kreatives Werk. Zum anderen verhilft er dem wackeren jungen Mann zu einem leidlich bezahlten Job.

Niethammer wird sich nach Erscheinen der ›Merkwürdigen Rechtsfälle‹ überschwänglich für die *großmüthigste Unterstützung* bedanken. Schiller sei *der Schöpfer eines besseren Schicksals für mich geworden.*

François Gayot de Pitaval hatte seine Erzählungen jeweils mit juristischen Kommentaren versehen. Diese umfänglichen Passagen waren jedoch eher dazu geeignet, ein allgemeines Publikum zu verschrecken als zu interessieren. Ein Problem, an dem auch die bisherige Übersetzung litt. In einer zeitgenössischen Rezension der Gothaischen gelehrten Zeitung heißt es, dass diese Ausgage nur *für wenige lesbar seyn dürfte.*

Schiller hält Niethammer zu einer *neuen Einkleidung* des Materials an. Er soll das Juristische auf ein Minimum reduzieren. Weit wichtiger erscheint ihm das Moralische. Im Vordergrund stehen *tiefere Blicke in das Menschenherz ... so enthüllt uns oft ein Kriminalprozeß das Innerste der Gedanken und bringt das versteckteste Gewebe der Bosheit an den Tag.*

Trotz aller Kürzungen behalten die Fälle in Schillers Bänden durchaus romanhaftes Format. Allein die Episode der angeblich von Teufeln besessenen Ursulinen umfasst 213 Seiten.

Auch dem Streit um ein sofort nach der Geburt geraubtes Kind wenden sich Schiller/Niethammer in epischer Breite zu. Dessen Mutter war eingeflüstert worden, überhaupt nicht schwanger gewesen zu sein.

Das geheime Spiel der Leidenschaft entfaltet sich hier vor unseren Augen, präludiert Schiller seinen Pitaval. Tatsächlich hat er weit mehr im Blick. So enthält der dritte Teil ein energisches Plädoyer für die Abschaffung der Folter. Das Kapitel listet Fälle auf, in denen sich Unschuldige nur deshalb schuldig bekannt hatten, da sie die Tortur nicht länger ertragen wollten.

Schiller ist sich durchaus bewusst, mit Rechtsfällen aus unserem Vaterland noch größeres Interesse wecken zu können. Er hat ein *vollständiges Magazin für diese Gattung* vor Augen, verweist indes sogleich darauf, dass dies die Aufgabe vieler Autoren sein müsse.

Er selbst konzentriert sich fortan auf dramatische Verarbeitungen. Etwa auf Stoffe wie der von der Jungfrau von Orleans. Auch ihr hatte in den ›Merkwürdigen Rechtsfällen‹ ein Kapitel gegolten.

Erfurt und sein Umland erlebten im Jahre 1812 beinahe täglich größere Truppenbewegungen der Franzosen und ihrer Verbündeten. Allein im März mussten laut einer Stadtchronik 99 Generäle, 714 Offiziere sowie 36.250 gemeine Soldaten verpflegt werden. Dazu kam noch das Futter für deren Pferde. Das Foto entstand 2006 bei einer Nachstellung der Schlacht von Jena.

Vagabunden in Napoleons Domäne

Um Dieben und Räubern in den Dörfern das Handwerk legen zu können, stellte das Fürstentum Erfurt anno 1812 eine Landreiterei auf. Die Verstärkung der Gendarmerie erfolgte vor dem Hintergrund eines konkreten Falles. Kurz zuvor hatten marodierende Soldaten einen Polizisten getötet, ehe sie bei Heldrungen gefasst wurden. Ihre öffentliche Hinrichtung folgte alsbald.

Der 14. November gewährte uns ein trauriges Schauspiel, die Hinrichtung eines Delinquenten durch das Schwerd.
   Morgens gegen 9 Uhr wird ein Bauer aus Walschleben, ein gewisser Samuel Grün, vom Stadtgefängnis auf den Petersberg gebracht. Hier schlägt ihm *Scharfrichter Müller aus Weißensee, der sein Meisterstück an ihm machte, obgleich er einen dicken Hals hatte,*

den Kopf mit einem Streich vom Rumpfe, überliefert der Erfurter Chronist Constantin Beyer anno 1809.

Die Tat, die man Grün vorwirft, liegt drei Jahre zurück. Gemeinsam mit Landmännern aus dem nahen Witterda hatte er versucht, französische Soldaten vom Plündern abzuhalten. Einem der Marodeure schoss der Bauer ins Bein, stieß ihn in einen Bach und verpasste ihm schließlich einen Kopfschuss. Dies, so hält Beyer fest, sei *eine empörend grausame Weise.*

Gut möglich, dass nicht wenige im Fürstentum Erfurt in jenem 1809er Jahr gänzlich anders über Grüns Handeln denken. Längst haben die Bewohner der Stadt und der 70 zugehörigen Orte leidvoll erfahren müssen, was es bedeutet, napoleonische Domäne zu sein.

Zu Hunderttausenden marschieren Soldaten durch die Region. Mitunter rücken über Wochen nahezu täglich neue Einheiten an. Einquartierung und Verpflegung, Pferdefutter und Transportdienste gehen zu Lasten der Bürger. Meist trifft es jene auf dem Lande. Zwar erhalten sie dafür auch Vergütungen. Doch der Alltag ist ernüchternd. Es wird randaliert, gestohlen und erpresst. Vieh wird aus den Ställen gerissen und sogleich überm Lagerfeuer gebraten.

Auch vor diesem Hintergrund erhält die Erfurter Polizei im Juli 1810 besondere Befugnisse. Sie soll fortan verstärkt Militärpersonen kontrollieren. Die Kokarde, das an der Mütze getragene französische Hoheitszeichen, weist die Gendarmen für jedermann erkennbar als Staatsdiener aus.

Missetäter in Uniform überstellen die Polizisten üblicherweise dem Militär. Das lässt Strafen zur Abschreckung meist öffentlich vollstrecken. So am 27. Januar 1812. Zwei vormalige Kürassiere werden in Erfurt *vor der Fronte der aufmarschirten Truppen infam gemacht. Man riß ihnen erstlich sämmtliche Knöpfe von der Uniform ... und die Mützen ab.* Zudem kommen sie *auf 2 Jahr in die Eisen.*

Hinter Gitter also.

Doch auch vermeintlich brave Bürger werden in jenen schweren Tagen zum Dieb, etwa der Nachtwächter Ledder. Er lebt direkt an der Krämerbrücke, im Gewölbe der Ägidienkirche. Als er sich an den Geldern der Gemeinde sowie der Kasse der Mägde vergreift und zur Rechenschaft gezogen werden soll, richtet er sich selbst. Er erschießt sich am 8. Juni 1812.

Ob öffentliche Abstrafung, ob Selbstmord – fürs Stadtgespräch ist allemal gesorgt. Die abschreckende Wirkung indes scheint nicht wirklich groß zu sein. Das zumindest legt eine Publicanda nahe, eine Bekanntmachung, die am 15. Juli 1812 ergeht. Die *Kaiserl. Königl. Finanz- und Domainen-Kammer* informiert die Einwohner des Fürstentums, dass *eine große Zahl von Vagabonden ... in Unserem Lande Schutz suchte, und das Eigenthum der Unterthanen durch häufige Diebstähle gefährdete.*

Das eigentlich Erstaunliche an dieser Verlautbarung: Die Obrigkeit räumt in aller Öffentlichkeit ein, dass an dieser Unbill die bisherige Organisationsform der Gendarmerie eine Mitschuld trage. Deshalb wird nun ein Landreiter-Corps aufgestellt. Es besteht *aus 13 Individuen, wovon 2 für die Stadt Erfurt, die übrigen 11 aber für das platte Land bestimmt sind.*

Was in der Publicanda nicht steht, aber nahezu jeder der damaligen Erfurter weiß: Es gibt einen äußerst konkreten Anlass,

Das Fürstentum Erfurt

Nach der Doppelschlacht von Jena und Auerstedt im Jahre 1806 kapituliert auch das stark befestigte Erfurt. Am 17. Oktober 1806 ziehen die Franzosen ein. Napoleon hat mit der Stadt und ihrem Umland – 69 Dörfer und die Stadt Sömmerda gehören dazu – Besonderes vor. Die Region wird zur kaiserlichen Domäne erklärt und damit zu einem ihm direkt unterstellten Fürstentum. Der preußische König entlässt Erfurt deshalb aus der Monarchie. Dagegen bleiben die Thüringer Kleinstaaten formell erhalten.

1808 erlebt Erfurt mit dem Fürstenkongress einen Höhepunkt von europäischer Strahlkraft. Der Zar, vier Könige, eine Königin, 28 Fürsten, elf Prinzen und eine Prinzessin halten auf Einladung von Bonaparte I. hier Hof.

Am 6. Januar 1814 marschieren die Preußen in Erfurt ein. Die Stadt war zuvor mehr als zwei Monate belagert sowie stark bombardiert worden. Die Festung Petersberg ergibt sich jedoch erst am 4. Mai 1814.

die Polizei auf dem Land zu verstärken. Der Fall liegt zu diesem Zeitpunkt genau einen Monat zurück.

Am 14. Mai 1812 waren zwei Gendarmen auf Streife durch die östlich im Fürstentum gelegenen Dörfer. Zwischen Kerspleben und Töttleben treffen sie auf drei französische Soldaten.

Es sind Deserteure, die sich von Stettin aus bis nach Thüringen durchgeschlagen haben. Mehr als 400 Kilometer haben sie bereits auf ihrer Flucht zurückgelegt – und natürlich wollen sie sich nicht arretieren lassen.

Es kommt zu einer Schießerei. Einer der Gendarmen, ein gewisser Peine, wird in die Brust getroffen. Er stirbt.

Der zweite, ein Schröder, wird *schwer blessiert*. Eine Kugel zerfetzt ihm die Hand.

Ein Bauer packt die Gendarmen auf seinen Karren, fährt sie zum Erfurter Rathaus. Die Nachricht verbreitet sich wie ein Lauffeuer in der Stadt.

Peine, so erzählt man sich, hinterlasse Frau und Kinder.

Am folgenden Tag wird der Tote seziert. Ein *Visum repertum* entsteht, ein Wundzettel. Die Verletzung, so heißt es, war *absolut läthal*. Der Gendarm hatte keine Chance …

Drei Tage später, nahe der Wasserburg Heldrungen. Eine Schützenkompanie rückt aus, durchkämmt ein Waldstück.

Napoleons Gnade

Seine Majestät und Allergnädigster Kaiser haben der Wittwe des am 14. Mai c. bey Aufgreifung einiger Deserteurs zwischen Kerspleben und Töttleben von denselben erschossenen Landreiter Pein zu Marbach eine jährliche Pension von 350 Francs aus dem Kaiserlichen Schatze dergestalt zu bewilligen geruhet, daß diese Pension nach dem Ableben der Wittwe auf die hinterlassenen Kinder bis zur Erreichung ihres 16ten Jahres, jedoch blos zu dem auf sie fallenden Antheile, übergehen soll. Indem Wir das Publikum von dieser allerhöchsten Kaiserl. Gnade in Kenntniß setzen, machen Wir dasselbe auf diesen neuen Beweis der Großmuth Sr. K. Majestät aufmerksam.

Bekanntmachung in Erfurt am 25. Juli 1812

Schüsse fallen. Ein vor den Soldaten Flüchtender wird am Hals getroffen.

Wenig später sind jene drei Marodeure festgenommen, die den Gendarmen getötet hatten. *Es waren alle drei geborne Franzosen, und der eine, der Hauptverbrecher, war kaum 20 Jahre alt.*

Sein Name ist Jean. Er sei, bemerkt Chronist Beyer, *sehr hübsch und gut gewachsen.*

Am Nachmittag des 25. Juli 1812 vollendet sich sein Schicksal. Die Erfurter Garnison rückt eigens wegen der Hinrichtung nach Gispersleben aus, aufs *platte Land*. Die Soldaten sollen sich ein Beispiel an dem Schicksal der Deserteure nehmen.

Jean wird an einer Gartenmauer *füsiliert.*

Die näheren Umstände seiner Erschießung sind nicht in zeitgenössischen Dokumenten überliefert – im Gegensatz zu denen eines anderen Soldaten zu Jahresbeginn.

Da ist es ein 29-Jähriger, der wegen Ungehorsams vor herbeibefohlene Massen treten muss.

Hunderte sehen zu und erleben ein Ende mit Schrecken.

Da die Kürassiere noch wenig Uebung mit Schiesgewehr hatten, so erhielt der Unglückliche mehrere Schüsse, ehe er starb, und ein mitleidiger Offizier jagte ihm zuletzt, um seiner Qual ein Ende zu machen, eine Kugel durch den Kopf.

Die Zitadelle auf dem Petersberg hatte für die napoleonischen Besetzer großen Stellenwert. Sie verschanzten sich hier während der Belagerung Erfurts durch die alliierten Truppen 1813/14. Ab 1806 hatten die Franzosen die Zitadelle als Kaserne sowie gelegentlich auch als Schauplatz für Hinrichtungen genutzt. Inzwischen ist die Zitadelle ein beliebtes Ausflugsziel.

Mörder aus Vaterlandsliebe

Das Opfer: ein Dichter aus Weimar. Der Täter: ein Student der Universität Jena. Als Carl Ludwig Sand im Frühjahr 1819 den Dolch zückt, geht nicht nur ein Aufschrei des Entsetzens durch Deutschland. Viele bejubeln die Ermordung des vermeintlichen Vaterlandsverräters August von Kotzebue.

Das Letzte, was Carl Ludwig Sand in seinem kurzen Leben sieht, ist ein rotes, schwarz geblümtes Tuch aus Seide. Ein Gehilfe des Scharfrichters hatte es dem 24-Jährigen um die Augen gebunden, zog es allerdings nicht sonderlich fest. Das Tuch sitze zu locker, beschwert sich der Delinquent.

Sekunden darauf verstummt der Jenaer Student für immer.

Bereits der erste Streich des Henkers ist tödlich, er durchtrennt die Halswirbelsäule. Dennoch fällt Sands Kopf nicht aufs Schafott herunter, sondern baumelt lediglich zur Seite.

Sofort schlägt der Scharfrichter nach – nicht ohne neuerliches Missgeschick. Das Richtschwert rutscht ab, dringt tief in den Oberschenkel des auf einem Stuhl festgebundenen Verurteilten ein.

Mannheim, am 20. Mai 1820. Morgens kurz nach halb sechs beginnen sich die Gaffer am Richtplatz wieder zu zerstreuen. Es *habe tieffstes Stillschweigen* vorgeherrscht, protokolliert der zur Leitung der Hinrichtung beauftragte Commissarius.

Jena, anderthalb Jahre zuvor. In der Universitätsstadt brodelt es. Die Studenten randalieren und provozieren, sie geben sich dem Alkohol hin und den Huren – und sie debattieren immer und immer wieder über Freiheit und politische Ideale.

Kurzum: Das Jahr 1819 beginnt, wie das vorherige geendet hat. Voller Aufregung.

Am 15. Dezember weilt die Mutter der russischen Zarin in Jena. Zur Begrüßung wird ein Triumphbogen errichtet. Zwei Studenten beschädigen ihn.

In der Silvesternacht eskalieren die üblichen Gelage. Burschenschafter reißen Fensterläden von Häusern, entfachen damit ihr Neujahrsfeuer. Die Bürger sind entsetzt.

Mitte Januar entschärft die Jenaer Burschenschaft ihren Kodex. Um gegenüber den Behörden weniger angreifbar zu sein,

Vor der Jenaer Universität steht seit 1883 das Abbild eines Burschenschafters. Zu Sands Zeiten führten Studenten hier mitunter ein wahres Lotterleben, Bordellbesuche inklusive.

Anno 1818–1820 | Mörder aus Vaterlandsliebe

Bildnis des Attentäters Carl Ludwig Sand von Josef Moosbrugger. Das Gemälde entstand posthum, gilt aber dennoch als sehr realitätsnah.

wird der Passus zu den Duellregeln gestrichen – jedenfalls auf dem Papier. Praktisch bleibt er in Kraft.

Am 19. März der nächste Versuch, die aufgebrachte Bürgerschaft zu beruhigen. Der Vorstand der Burschen beschließt, *den Hurenkniff im Brüdergäßchen in Verschiß zu thun*. Zumindest eines der Freudenhäuser will man fortan meiden.

Nur wenige Kilometer entfernt, in Weimar, berät Johann Wolfgang von Goethe mit dem Staatskanzler des Großherzogtums den *leidigen Zustande der Jenaischen Dinge*. Kanzler Müller hält Goethes Bemerkung fest, *niemand sei der Sache mehr gewachsen*.

Auch Carl August, der Landesvater, ist besorgt über die *Freiheit genießenden Jünglinge*. Der Fürst sieht die *Aufmerksamkeit Deutschlands auf Jena gerichtet*.

In dieser Situation meldet sich auch der Theaterdichter August von Kotzebue zu Wort – nicht im kleinen Kreis wie Goethe und Carl August, sondern in aller Öffentlichkeit. Er geißelt im Literarischen Wochenblatt, das er selbst in Weimar herausgibt, die von den Burschenschaftern ach so beschworene akademische

Freiheit. Sie bestehe einzig und allein in der *gänzlichen Freiheit jedes Studenten, lüderlich zu leben oder nicht.*

Es ist so etwas wie sein Todesurteil, das Kotzebue mit diesen Zeilen verfasst.

Goethe scheint zu ahnen, dass die Situation eskalieren könnte. *Studenten wüthen öffentlich gegen den Erbfeind … Es entstehen gewiß noch die unangenehmsten Folgen.*

Bereits am Silvestertag 1818 hatte der Student Carl Ludwig Sand in seinem Tagebuch eine eindeutige Drohung wider August von Kotzebue hinterlassen. *Soll es etwas werden mit unserm Streben … so muß der Schlechte, der Verräther und Verführer der Jugend, A. v. K. nieder – dieß habe ich erkannt.*

Sieht sich der Burschenschafter selbst als Märtyrer?

Der Reisepass des Attentäters

Im Herbst 1817 reiste Carl Ludwig Sand aus seiner bayerischen Heimat an die Universität Jena. Dafür wurde ihm ein Reisepass ausgestellt mit dem Vermerk *Paß in das Ausland.* Damals war Sand 22 Jahre alt. Das Dokument beschreibt ihn als grauäugigen Mann mit keimendem Bart.

Die ausstellende Behörde vermerkt in dem Pass, sie ersuche *unter dem Versprechen vollkommener Reciprocität alle Militär- und Civil-Behörden auswärtiger Staaten, Vorzeiger dieß den Studiosus Theologiae Carl Ludwig Sand gebürtig von Wunsiedel wohnhaft daselbst welcher über Hof, Saalfeld nach Jena reiset um seine Studien-Jahre daselbst zu vollenden ungehindert paßiren zu lassen, demselben auch den etwa bedürftigen Schutz und Beistand zu gewähren.*

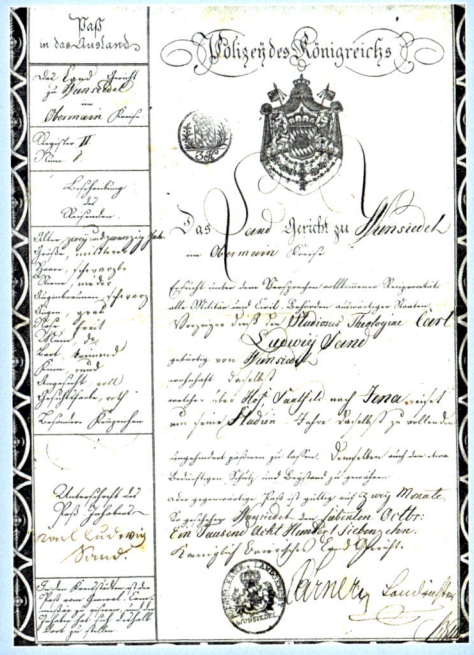

Der Tagebucheintrag deutet darauf hin. Sand spricht davon, dass das Weihnachtsfest *der letzte Christtag wird gewesen sein, den ich eben gefeiert habe*. Er wähnt also, in einem Jahr nicht mehr am Leben zu sein.

Tatsächlich treibt der Student um den Jahreswechsel die Vorbereitungen für ein Attentat voran. Er bittet einen Schmied, ihm einen Hirschfänger in ein kleines Schwert umzuarbeiten. Eine der beiden späteren Tatwaffen entsteht, die andere wird ein normaler Dolch sein.

August von Kotzebue war so etwas wie die ideale Hassfigur für die sich revolutionär gebenden Studenten. Das Wartburgfest von 1817 ist allen noch in Erinnerung. Unter dem Motto ›Ehre, Freiheit, Vaterland‹ hatten sie für die Einheit Deutschlands gestritten – und nebenbei Bücher verbrannt. Auch die ›Geschichte des Deutschen Reichs‹ von Kotzebue ging in Flammen auf.

Dessen Vergehen: Er schrieb immer wieder gegen die Studentenbünde an, übergoss deren Vordenker, darunter auch Turnvater Jahn, mit Spott.

Suspekt war August von Kotzebue den Studenten nicht zuletzt durch seine Verbindungen zu dem als reaktionär verschrieenen Zarenhof. Der Dichter war bereits 1783 in russische Dienste getreten. Er heiratete die Tochter eines russischen Generals, wirkte als Direktor eines Theaters in Petersburg.

Schließlich, 1817, wurde Kotzebue zu einem Generalkonsul des Zaren ernannt.

Er sei ein Verräter, ein Spion, heißt es daraufhin. Ernst Moritz Arndt, der Schriftsteller und glühende Patriot, nennt Kotzebue gar *eine in Weimar ausgeheckte teutsche Schmeißfliege*.

Inzwischen, anno 1819, lebt der aus Weimar stammende August von Kotzebue in Mannheim (Baden-Württemberg).

Vermutlich am 9. März bricht Sand von Jena aus nach Mannheim auf. Er wandert zunächst nach Erfurt, besteigt hier eine Postkutsche. In Eisenach legt der Student einen Zwischenhalt ein.

Ihn zieht es auf die Wartburg.

Schöpft er hier, an diesem Symbolort der Burschenschaften, Kraft für sein Vorhaben?

Fest steht: Das Wartburg-Treffen von 1817 hatte in Sands studentischer Laufbahn eine zentrale Rolle gespielt. Immerhin hat-

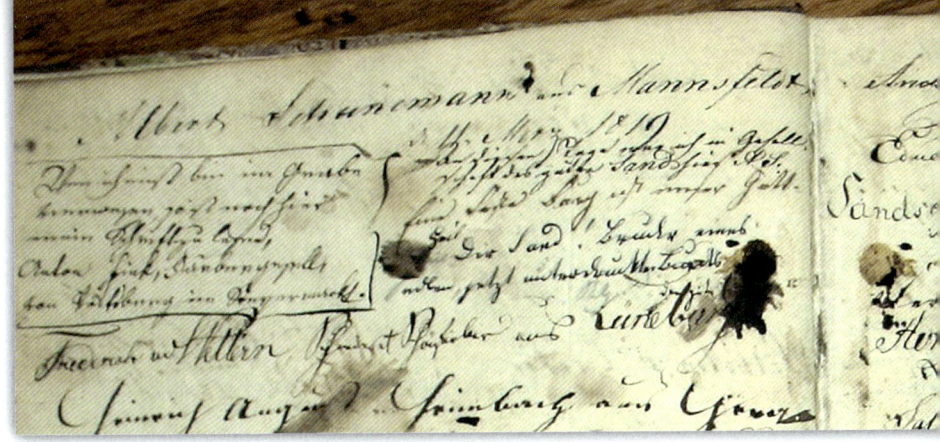

ten ihn seine Kommilitonen ins Festkomitee gewählt. Kaum war das Treffen vorbei, reiste der gebürtige Oberfranke an die Universität Jena, *um seine Studien-Jahre daselbst zu vollenden*, wie es in seinem von der Polizei des Königreichs Bayern ausgestellten Reisepass heißt.

Am 27. Oktober 1817 wird er in Jena immatrikuliert. Viele Dokumente, die Sands Studium sowie seine Aktivitäten in der Jenenser Urburschenschaft erhellen, haben im Universitätsarchiv die Zeitläufe überdauert.

Jetzt, im März 1819, kehrt er offenbar nicht allein auf die Wartburg zurück. Das Stammbuch legt bis heute Zeugnis von wenigstens einem Begleiter ab. In dem Gästebuch steht unterm 11. März die Notiz: *An diesem Tag war ich in Gesellschaft des guten Sands hier.* Unterzeichnet ist mit einem Kürzel. A. S.

Zwei Zeilen darunter heißt es: *Heil Dir Sand! Bruder eines edlen, jetzt unterdrückten Bunds.* Da, wo normalerweise eine Unterschrift stehen würde, findet sich nur ein Tintenklecks.

Hat hier jemand im Nachhinein seine Identität verschleiert?

Der Attentäter selbst hat sich nicht im Stammbuch verewigt. *Sands Handschrift fehlt!!!,* notiert ein späterer Besucher vermutlich als Reaktion auf damalige, anderslautende Gerüchte. Denen zufolge habe der Student die Mordpläne mit einem Zitat seines Lieblingsdichters Theodor Körner im Stammbuch angekündigt: *Drück Dir den Speer ins fromme Herz hinein.*

Das Buch belegt anderes. Die fraglichen Seiten sind zwar vergilbt, stockfleckig und teils eingerissen. Doch nachträglich wurden weder Einträge ausradiert noch Seiten entfernt.

So deutet der Vermerk, dass die Handschrift fehle, wohl vor allem auf eines hin: auf einen enttäuschten Sand-Verehrer.

Auf der Reise nach Mannheim, dem späteren Ort des Mordes, besuchte Sand auch die Wartburg. Ein Mitreisender trug ins Stammbuch ein, ›d. 11. März 1819. An diesem Tage war ich in Gesellschaft des guten Sands hier. A. S.‹ Das Buch gehört zum Archivbestand der Wartburg-Stiftung.

Am 23. März trifft Carl Ludwig Sand in Mannheim ein. Er nimmt in einem Gasthaus ein schnelles Frühstück. Brot und Wein.

Er eilt zum Kotzebueschen Haus, stellt sich als Balte vor, der auf Durchreise sei und gern den Dichter kennenlernen würde. Doch der Hausherr ist nicht da. Eine Magd vertröstet den Studenten. Er möge es erneut versuchen, zwischen 4 und 5 Uhr am Nachmittag.

In der Tat wird Sand empfangen. Später wird er aussagen: *Das Schreckliche war mir, daß ich mich verstellen mußte.* Er und Kotzebue tauschen vermeintlich Höflichkeiten aus. Einige Momente darauf sprach ich: *Hier, du Verräther des Vaterlands. Ich zog den Dolch aus dem linken Rockärmel, wo ich ihn in einer Scheide verwahrt hatte, und versetzte ihm einige Stiche in die linke Seite.*

Im gleichen Augenblick betritt Kotzebues Sohn das Zimmer, ein Bub. Der Attentäter ist so geschockt, dass er beschließt, sich selbst *einen Stoß mit dem kleinen Schwerte zu geben. Der Stoß ging auf die linke Brust, er drang einige Zoll tief ein.*

Sand rennt auf die Straße, versetzt sich hier einen zweiten Stich und bricht zusammen.

Während Kotzebue binnen Minuten stirbt, überlebt der Attentäter. Man bringt ihn ins Hospital. Am folgenden Tag wird er vernommen. Einige Tage später die Verlegung ins Zuchthaus.

Es dauert bis zum 26. März, dass die Kunde Thüringen erreicht. Goethe setzt vier Ausrufezeichen ins Tagebuch. *Nachricht von Kotzebue!!!! Ermordung.*

Zwei Tage darauf trifft sich der Dichter mit Weimars Staatskanzler Müller. Goethe spricht über die Moral als solche und über angemessene Strafen für individuelles Fehlverhalten. *So sei in Kotzebues Tod eine gewisse nothwendige Folge einer höhern Weltordnung erkennbar.*

Während der Student auf seinen Prozess wartet, beginnt bereits die Verklärung zum politischen Helden. Patriotische Lobeshymnen erscheinen.

An den Höfen wächst die Revolutionsangst. Doch die Herrschenden wissen sich zu schützen. Österreichs Staatskanzler Metternich nimmt Kotzebues Ermordung zum Anlass, die Karlsbader Beschlüsse zu initiieren. Im September 1819 gibt der Bundestag in Frankfurt sein Ja dazu. Fortan sind die Burschenschaften verboten, ein *Preßgesetz* führt eine verschärfte Zensur ein.

Kotzebue wurde lange gehaßt, kommentiert Goethe Jahre später im Gespräch mit Eckermann, *aber damit der Dolch des Studenten sich an ihn wagen konnte, mußten ihn gewisse Journale erst verächtlich machen.*

Erst ein gutes Jahr nach dem Mord, am 5. Mai 1820, fällt das Urteil über Carl Ludwig Sand. Am 20. Mai rollt sein Kopf. Der Student wird auf Mannheims lutherischem Kirchhof bestattet.

1869 bettet man seine sterblichen Überreste auf den Hauptfriedhof um, ein Gedenkstein wird enthüllt. Darunter ruht der Attentäter noch immer – unweit des Grabes seines Opfers.

Pop-Star der Goethe-Ära

Heutzutage gehört August von Kotzebue zu den unbekannteren Theaterdichtern. Doch zu Lebzeiten war dies gänzlich anders. Seine Stücke wurden weit häufiger an deutschen Theatern gegeben als die anderer Autoren. Selbst Goethe und Schiller kamen an der Stätte ihres Wirkens, in Weimar also, nicht mal annähernd an Kotzebue heran.

Während Goethes 26 Jahre währender Zeit am Weimarer Theater kamen 87 Kotzebue-Stücke zur Aufführung, aber nur 18 von Schiller und 19 des Dichterfürsten. Goethe führte selbst die so neumodisch klingende Silbe Pop im Mund, er bescheinigte Kotzebue *populare Talente*. Zu den besonderen Stärken Kotzebues rechnete Goethe, dass dieser *das Sentimentale in seiner Gewalt hat: die Zwiebel, mit welcher man den Leuten das Wasser in die Augen lockt, weiß er zu gebrauchen wie wenige.*

Mit Beethoven, Salieri und Schubert schrieben berühmte Komponisten die Musik zu einzelnen Stücken bzw. Libretti des 1761 in Weimar geborenen Kotzebue.

Anno 1818–1820 | Mörder aus Vaterlandsliebe

Der auf sein Haar stolze Sand wurde auf eigenen Wunsch erst auf der Richtstatt kahl geschoren. Dieser Umstand war so besonders, dass er auf einem zeitgenössischen Stich festgehalten wurde. Die gefallenen Locken liegen hinter dem Delinquenten auf dem Boden. Der Henker musste zweimal zuschlagen, ehe der Kopf zu Boden fiel.

linke Seite, oben: Carl Ludwig Sand meldete sich als Besucher beim angeblich von ihm bewunderten August von Kotzebue an, zückte dann im Salon einen Dolch. Die Familie wird Zeuge des Angriffs. Auf dieser zeitgenössischen Grafik hält das Opfer ein Schriftstück in der Hand. Es ist mit ›Todesurtheil‹ überschrieben.

linke Seite, unten: Unmittelbar nach der Tat rannte Sand auf die Straße und versuchte, sich selbst zu entleiben. Er überlebte mit zwei Schnittverletzungen im Brustbereich. Nach einigen Tagen im Hospital kam er ins Zuchthaus.

Anno 1818–1820 | Mörder aus Vaterlandsliebe

Läßliche Criminalisten

Als im März 1830 in einem Dörfchen zwischen Erfurt und Weimar der Schultheiß und seine Gattin erschlagen werden, nehmen die Thüringer jenseits von Hayn davon kaum Notiz. Die Bürger haben andere Sorgen. Das Land stöhnt unter den Folgen des seit Jahrzehnten strengsten Winters. Gerade erst haben Eisgang und Feuer zwei Dörfer verwüstet. Noch dazu treiben allerorten Diebe und Räuber ihr Unwesen. Und in Weimar geht dem ehedem Geheimen Rat Goethe sogar der trockene Madeira aus.

Es ist zu befürchten, daß in Folge der strengen Kälte dieses Winters Hunde toll werden; eine Besorgnis, welche durch mehre, im benachbarten Ausland vor Kurzem vorgekommene, höchst traurige Fälle sich leider bereits bestätigt hat.

Die Warnung ist klar und unmissverständlich. Die Forderung der Weimarischen Polizeibehörde ist es nicht minder. Sie verkündet am 2. März des Jahres 1830 öffentlich, *daß keine Hunde herrenlos in den Ortschaften und im freien Feld herumlaufen dürfen.*

Doch es sind keineswegs nur wilde Vierbeiner, die in jenen Tagen das Großherzogtum Sachsen-Weimar unsicher machen. Betrüger, Diebe und Räuber haben offenbar Hochkonjunktur. Diesen Eindruck vermitteln zumindest die Weimarer und Erfurter Zeitungen. Immer wieder finden sich in ihnen Anzeigen, Polizeiberichte, Steckbriefe.

Zu denen, die man sucht, gehört ein gewisser Johann Gottfried Golle, *welcher mehrerer Betrügereien verdächtig ist.* Der Knecht soll *an einem Backen eine kleine Schmarre und im Gesicht ganz feine Pockengrübchen haben.*

Auch vor Heinrich Lebrecht Schippner wird gewarnt. Der *Vagabond* sei etwa 32 Jahre alt, blond, habe blaue Augen und einen hellen Backenbart.

Schließlich wird *eine ungefähr 26 bis 27 Jahre alte Mannsperson von Mittelstatur und pockennarbigem Gesicht gesucht* – ein Dieb.

Habhaft geworden ist man dagegen einer Johanna Wilhelmine Christiane Schröder. Die 18-jährige Betrügerin sei, so das Weimarische Wochenblatt, *mit drei Monaten Gefängniß und zehn Ruthenhieben bestraft worden.*

Mit keiner Zeile, keiner Silbe erwähnen die Zeitungen indes das übelste Verbrechen des ausgehenden Winters. Am 14. März

Ein mannshoher Grabstein auf dem Kirchhof von Hayn zeigt auf einem Relief, wie der Schultheiß und seine Frau erschlagen wurden. Der Mann liegt bereits am Boden. Der Mörder bedroht die Ehefrau, welche vor ihm kniet.

Anno 1830 | Läßliche Criminalisten

wird in Hayn, einem zu Weimar gehörenden Flecken, der Schultheiß Johann Heinrich Erbe erschlagen. Seine Frau erliegt ihren Verletzungen zwei Tage später. Bis heute kündet die Inschrift ihres Grabes davon: *Ich starb nicht mit dem Laufe der Natur. Des Mördershand zeigt Dir die Spur.*

Ein Relief, das in den Stein gemeißelt wurde, führt die dramatischen Momente vor Augen. Es zeigt den Mörder, der einen Knüppel schwingt. Der Dorfschulze liegt bereits am Boden. Neben ihm kniet seine Frau, hebt die Hände.

Fleht sie um ihr Leben?

Weder in Kirchenbuch noch Dorfchronik lässt sich eine Antwort finden. Ersteres vermerkt bei ihm ganz sachlich *Todtschlag* als Todesursache, bei ihr *Mißhandlung*.

Die Chronik verrät immerhin noch, dass Johann Heinrich Erbe nachts gegen 11 Uhr auf einer Wiese entdeckt wurde. *Man fand auch seine Frau Anna Magdalena nicht weit vom Hause, welche zuvor sehr gemißhandelt und tödlich verwundet, aber doch noch am Leben war.*

Über all das werden die Bewohner von Sachsen-Weimar durch Polizei und Zeitungen ebensowenig informiert wie die Bürger des nahen Erfurt. Über das Warum lässt sich nur spekulieren. Wahrscheinlich fiel ein solches Kapitalverbrechen unter die Zensur.

Auch im allmonatlichen Rapport der Großherzoglichen Stadt-Polizey-Commission taucht der Fall nicht auf. Dieser weist für den März 1830 zwar 23 Straftaten aus, nicht aber den Doppelmord.

Wochenlang hatte der Winter mit arktischer Kälte regiert. Selbst Rhein und Bodensee waren zugefroren, was, so schreiben die Zeitungen, *vielleicht kaum der Urgroßvater gesehen hatte, vielleicht nur der Urenkel wieder sehen wird*. Auch in Sachsen-Weimar wütet der Frost. *Das an der Elster gelegene Wünschendorf ist fast ganz durch den Eisgang vernichtet worden. Alle Häuser sind halb oder ganz zertrümmert und mehreren droht noch der Einsturz. Drei Menschen fanden den Tod, in den Stallungen sind 58 Stück Rindvieh und fast alle Schweine ertrunken.*

Kaum gnädiger ergeht es den Einwohnern von Niederzimmern. Hier legt ein Feuer 36 Häuser und Scheuern in Schutt und Asche.

Der 14., 15. und 16. März 1830. Es sind die ersten milden Tage des Jahres. In Weimar hält Goethe im Tagebuch fest, dass er *bey Sonnenschein in den Garten gegangen* sei. Schließlich diktiert der Dichterfürst noch zwei Briefe. Der erste geht an einen Hamburger Händler. *Ersuche, bey nunmehr eingetretener milder Witterung, mir abermals zwanzig Bouteillen Dry Madeira baldigst zu überschicken.* Auch die großherzogliche Hofkellerei erhält Post. Goethe bittet um *6 Flaschen Dry Madeira.*

Mittags und abends empfängt der 80-Jährige jeweils Gäste. Eckermann ist natürlich dabei, einige Verehrer, aber auch Hofrath Meyer, Oberbaudirektor Coudray, Canzler Müller. *Kamen Serenissimus dazu.* Der Großherzog also.

Sprach man in der honorigen Runde über das schreckliche Verbrechen? Gut möglich, war doch der Ermordete nicht irgendwer, sondern ein Schultheiß. Immerhin ein Mann, der im Auftrag des Landesherrn agierte …

Suche nach geschwängerten Mägden

Im Weimarer Polizeibericht vom März 1830 werden 23 Fälle dokumentiert. Der Doppelmord von Hayn wird jedoch nicht erwähnt. Stattdessen heißt es in dem am 2. April 1830 veröffentlichten Bericht unter anderem:

Übersicht der im Monat März 1830 vom Polizey-Personal geschehenen und zur Strafanwendung für geeignet befundenen Anzeigen
3 mal wegen Ausschüttens grober Flüssigkeiten auf Canalöffnungen
1 mal wegen unterlassener Meldung eines über Nacht bequartierten Fremden

Im Laufe des Monats März 1830 sind von dem Polizey-Personal 4 dienst- und arbeitslose Personen und 3 geschwängerte Dienstmädchen ausfindig gemacht und resp. aus der Stadt gewiesen worden.

gez. Großherzoglich Sächs. Stadt-Polizey-Commission daselbst

Belege für ein solches Gespräch lassen sich nicht finden. Weder Goethes Tagebücher noch die vielfältigen Notizen seiner Besucher deuten den Mordfall auch nur an.

Interessiert an Kriminaldelikten ist der Dichter aber auf jeden Fall – ähnlich wie Schiller, der einen vierbändigen Pitaval herausgegeben hatte.

So hält Goethe zwei Jahre nach dem Hayner Doppelmord im Tagebuch fest: *Hofrath Vogel, merkwürdige Criminal- und verwandte polizeyliche Fälle besprechend.*

Zu diesem Zeitpunkt ist es bereits Jahrzehnte her, dass sich Goethe höchstselbst mit Kriminellen befassen musste, seinerzeit als Mitglied des Geheimen Consiliums. *Heut früh haben wir alle Mörder, Diebe und Hehler vorführen lassen und sie alle gefragt und konfrontiert,* schreibt er am 9. September 1780 an Charlotte von Stein. *Es ist ein gros Studium der Menschheit und der Phisiognomick.*

Die Physiognomie des Mörders. Wie sah der Täter von Hayn aus? Wer war er?

Im Kirchenbuch von Hayn sind als Todesursachen für den 60-jährigen Schultheiß Totschlag und für die 59-jährige Gattin Misshandlung vermerkt.

Die mündliche Überlieferung weiß von einem Fremden, der bei den späteren Mordopfern um Quartier gebeten hatte.

Wirklich erfahren wird man es wohl nimmer: Authentische Quellen lassen sich in Thüringens Archiven nicht mehr nachweisen. Sollte es sie gegeben haben, sind sie höchstwahrscheinlich verbrannt. Im April 1945, kurz vor Ende des Weltkrieges, wurden bei einem Feuer die Unterlagen der großherzoglichen Justizbehörde und des Weimarer Kriminalgerichts vernichtet.

So muss offen bleiben, ob der Täter überhaupt gefasst worden ist. Offenbar war ein Davonkommen damals nicht ungewöhnlich. *Die Straflosigkeit der niederträchtigsten Handlungen,* so klagte Goethe zwei Jahre vor den Hayn-Morden, *haben wir der Läßlichkeit unserer* Criminalisten *zu danken, welche eigentlich nur berufen und angestellt zu seyn scheinen, um Mord und Todtschlag zu entschuldigen.*

Anno 1830 | Läßliche Criminalisten

Ich bin ein Schlemihl

Während seiner acht Thüringer Jahre urteilte der Richter Theodor Storm in Hunderten Fällen. Es ging um Diebstahl, Raub und Mord. Vor allem eine Vielzahl eher belangloser Verfahren hielt ihn vom Dichten ab. Schließlich empfand Storm sogar Grauen vor seinem Beruf.

Hilf Himmel, welch eine Stadt!, stöhnt Theodor Storm am 20. August 1856. Es ist 7 Uhr in der Frühe, als er sich daran macht, seiner Frau Constanze einen Brief zu schreiben. Am Abend zuvor war der von der Nordseeküste stammende Richter in Heiligenstadt, an seinem neuen Dienstort, angelangt. *Lehmhütten und Baracken, Häuser, wie sie bei uns nicht für Geld aufzuweisen wären. Man begreift nicht, daß darin die lustigen Heiligenstädter, wie sie überall heißen, existieren können. Nur sehr einzelne gute Häuser liegen dazwischen; das beste ist unser Wirtshaus.*

Würde der Richter hier zu neuem Lebensglück finden? Oder sollte sich jener in seinem Brief anklingende erste Eindruck gar bestätigen? *Ich erfuhr, daß mein Direktor mich mit den zugeteilten Arbeiten sehr überbürdet habe ... er ist selbst so ein altes Lastvieh ... Schlimm! Ich bin dort ein Schlemihl (Pechvogel), dem sein Schatten fehlt. Man kennt nur den Kreisrichter, nicht den Poeten. Da muß ich nötigenfalls Spektakel schlagen.*

Ob und inwieweit sich der 39-Jährige tatsächlich beschwert hat, ist nicht überliefert. Vermutlich hat er aber darauf verzichtet, ganz so, wie es sich für den Neuling eines elfköpfigen Kollegiums geziemt haben dürfte. Das Gericht ist ein königliches und ein preußisches zudem. Da kneift man als Beamter Seiner Majestät die Backen zusammen und dient. Treu und brav.

Monate über Monate vergehen. Obwohl sich während Storms Amtszeit (1856 bis 1864) im obereichsfeldischen Gerichtsbezirk kaum Kapitalverbrechen ereignen, fallen tausende Verfahren an. Schlägereien. Diebstähle. Grundstücksstreitigkeiten. Beleidigungen. Betrug. Brandstiftungen.

In jeden einzelnen Vorgang gilt es sich einzulesen, Zeugen sind zu befragen, Lokaltermine abzuhalten. Storm sitzt zwei bis drei Tage pro Woche zu Gericht. Ein Tag gilt den minderschweren Strafdelikten, ein zweiter, mitunter auch ein dritter den Bagatellsachen, zivilrechtlichen Fällen von geringem Streit-

Noch immer hat Theodor Storm (1817–1888) das Wohlergehen von Heiligenstadt im Blick. Sein Denkmal steht vor dem Literaturmuseum. Während er 1859 über Prozessakten saß, warf der Winter heulend einen Regen von kleinen Stücken Eis gegen die Fenster.

Anno 1856 | Ich bin ein Schlemihl

wert. Dazu gesellt sich alle paar Monate ein mehrtägiges Schwurgericht für gewichtigere Fälle. Schwerer Diebstahl, Raub, Mord. *Ich bin jetzt über die Maßen eingespannt. Heut hab' ich in meinen Sachen 27 Termine abgehalten*, resümiert Storm anno 1858 gegenüber Constanze. *Und morgen soll ich ... aus sehr konfusen, mir ganz fremden Akten ... Vortrag halten.* Gegenüber seiner Mutter wird der Poet noch deutlicher. *Ich fühle jetzt recht, welchen Abscheu ich vor meinen amtlichen Geschäften habe; wenn ich nur daran denke, schrecke ich innerlich zusammen. Nicht wegzuleugnen ist, daß diese mir fremdartige Beschäftigung doch mein ganzes Leben verdirbt ... eine Tortur, die Kräfte und Besinnung raubt. Dazu die kleinen, kümmerlichen Verhältnisse um mich herum.*

Trotzdem beschert das Jahr 1858 auch Lichtblicke. Zwar bleiben Storm die studierten Kollegen weitgehend fremd, aber dafür findet der Dichter in Landrat von Wussow einen intellektuell ebenbürtigen Freund. Man trifft sich häufig, *obschon das karge Richtergehalt kaum ausreicht, bei dieser Gelegenheit eine anständige Abendschüssel zu reichen.*

Storm initiiert ein Gesangskränzchen, er nimmt mit seiner Gattin an Teeabenden teil. Endlich scheint jene Abwechslung gefunden, *wodurch ich mich erfrischen und anregen könnte.*

Doch die *Kreisrichterei*, sie bleibt, wie sie immer war. *Ein Gespenst.* Am 28. Juli 1859 wehklagt Storm unmissverständlich: *Ich empfinde ein förmliches körperliches Grauen davor.* Wochenlang war er nicht dazu gekommen, *eine kleine poetische Arbeit niederzuschreiben.* Das Amt sitzt dem in ganz Deutschland verehrten Dichter wie *das Messer an der Kehle.*

Diese Stormsche Notiz überschneidet sich mit einem Fall, der symptomatisch beschreibt, dass und wie belanglose Streitigkeiten das Gericht beschäftigen. Die am 15. Juni 1859 eröffnete Acta titelt *Bagatellprozeß des Schneiders Christoph Raub hier vs (gegen) Magistrath wegen einer Forderung von 1 Th. 9 Sgr. für abhanden gekommenes erstandenes Nutzholz im Stadtwald.* Obwohl der Streitwert bei lediglich einem Taler und neun Silbergroschen liegt, was in etwa dem durchschnittlichen Tagesverdienst von Storm entspricht, wird sich der juristische Streit ewig hinziehen.

Der Kläger hatte bereits im Mai 1859 fünf geschlagene Ulmen sowie 60 Stangen von der städtischen Forstkasse erworben. Als Christoph Raub wenige Tage später ein Fuhrwerk anmietete, um das Holz abzuholen, war dieses verschwunden. Wie sich herausstellte, hatte es ein Zimmermann irrtümlicherweise zu einem Lattenzaun an der Aegidienkirche verarbeitet. Raub fordert deshalb vom Magistrat den Kaufpreis sowie den verauslagten Fuhrlohn zurück.

Die Sachlage scheint eindeutig, die Klage könnte somit alsbald ad acta gelegt werden. Im Magistrat besinnt man sich jedoch eines anderen und lässt den Amtsschimmel munter wiehern. Immer wieder wechseln Schriftsätze hin und her. Ende November reicht es dem *Commissarius für Bagatell-Prozesse*: An den Magistrat ergeht ein förmliches Mandat. Der Kläger sei binnen 14 Tagen auszubezahlen. Die Stadtverwaltung legt daraufhin Einspruch ein.

Die Tage verrinnen. Es wird Advent. Theodor Storm ist *augenblicklich recht auf den Hund, ein hartnäckiger Erkältungshusten hat mich ganz heruntergebracht*. Die wenige freie Zeit gilt den Vorbereitungen für die Feiertage. Ehefrau Constanze schneidert *Puppenzeug* für Tochter Lisbeth und Sohn Karl. Theodor Storm stellt eine Käfersammlung für die Söhne Hans und Ernst zusam-

Auch gegen diese von Richter Storm abgezeichnete Verfügung legte der verklagte Magistrat Einspruch ein. Dabei ging es nur um einen lächerlichen Streitwert von knapp zwei Talern.

men. *So hätte ich da ein ebenso wohlfeiles, als erfreuendes Weihnachtsgeschenk.*
Vom Holzstreit gibt es derweil wenig Erbauliches zu berichten. Zwar verhandelt Storm am 19. Dezember noch einmal Bagatellsachen, die Klage des Christoph Raub wird indes vertagt. Hat sich der Richter in der Zwischenzeit zumindest gedanklich mit dem Verfahren auseinander gesetzt? In seiner Korrespondenz kommt der Fall nicht vor. Ebensowenig lässt sich ermitteln, ob er versucht hat, den Bürgermeister zu einer gütlichen Einigung anzustiften. Das wäre nicht untypisch für Storms Arbeitsstil gewesen, doch: Tat er es auch? Gut möglich. Storm nennt die Bürgermeisterfamilie *ein paar liebenswürdige Leute*. Man unternimmt gemeinsam Ausflüge, sieht sich des Abends.

Stadtgespräch aber dürfte dieser hanebüchene Fall Ende 1859 längst nicht mehr gewesen sein. Es gibt andere, aufregendere Themen als das bürokratische Gehabe im Rathaus. Im Schwestern-Kloster wird eingebrochen: Monstranz, Altargeräte und Heiligenfiguren verschwinden. Tage später erschüttert ein tragischer Unglücksfall das Städtchen. Einem 19-jährigen Turmbläser-Sohn fällt die Luke des Altstädter Turms auf den Kopf. Er wird unter größter Anteilnahme zu Grabe getragen. *Der Sarg weiß mit schweren Kränzen behangen,* notiert Storm, *viele junge Mädchen folgten.* Am 21. Dezember schließlich *fegt der Ostwind und wirft heulend einen Regen von kleinen Stücken Eis gegen die Fenster.* Storm kann dem grimmigen Winter auch Gutes abgewinnen: Der auf den folgenden Tag angesetzte Gerichtstermin fällt aus.

Schon im Januar naht Ernüchterung. Der Magistrat sperrt sich in dem Holzprozess weiterhin gegen eine gütliche Einigung. Weder eine zusätzlich anberaumte Zeugenvernehmung noch ein von Theodor Storm ausgefertigter Kostenfestsetzungsbeschluss können die Verwaltung zum Einlenken bewegen.

Erst am 9. April, nach zehn Monaten also, gibt der Bürgermeister in dem Streit um die paar Silberlinge klein bei.

Ein Sieg für den Schneider. Ein Pyrrhussieg für den Richter. Und, so sagt der Poet, eine *Ochserei* für ihn selbst.

Mit blutrünstigem Gesicht

Im Jahre 1863 berichtet Theodor Storm seiner Frau Constanze von einem Fall, in dem sich ein verzweifelter Dieb das Leben genommen hatte. In dem Brief heißt es:

> *Eben – es ist Sonnabendvormittag 11 Uhr – sind wir mit unserem Schwurgericht fertig. Der letzte Angeklagte unserer Schwurgerichtssitzung war ein gefürchteter und vielbestrafter Dieb, ein noch junger, hübscher, intelligent und energisch aussehender Mann. Als er vom Gefangenenhaus in die Sitzung geführt werden sollte, warf er dem Inspektor eine Prise Schnupftabak ins Gesicht und wollte entspringen. Es gelang ihm indessen nicht, und er wurde von unsern Gefangenwärtern bei der Gelegenheit ziemlich arg mitgenommen, so daß er mit blutrünstigem Gesicht im Gerichtssaal erschien.*
> *Der Mann interessierte mich. Es war etwas in seiner kraftvollen Erscheinung, daß ich immer denken mußte: den haben die Verhältnisse auf diesen Platz gebracht. Etwas Sonnenschein zur rechten Zeit hätte vielleicht eine sehr edle Menschenpflanze zur Erscheinung gebracht.*
> *Seine Sache kam nicht zur Verhandlung, er machte irgendeinen nichtigen Einwand, über den ein irrtümlich unrichtig geladener Zeuge noch vernommen werden mußte. Meine gute Meinung von ihm aber hat er jetzt bestätigt, denn ich höre soeben, daß er sich über nacht im Gefängnis erhängt hat.*
> *Einer mehr zu den vielen.*

(Zitiert nach Gertrud Storm: ›Theodor Storm. Briefe an seine Frau‹, Berlin 1915)

Gegen 22 Uhr entdeckte Robert Bochröder seine erschlagene Frau.
Die Turmuhr des Ohrdrufer Schlosses tickt noch heute.

Der Zwitter-Mörder

1911 flehte ein zum Tode Verurteilter beim Gothaer Herzog um Gnade. In seinem Gesuch bittet der Doppelmörder, ihn wegen seiner »körpeligen Leiden« lebenslänglich in eine Heilanstalt zu sperren. Der Brief hat im Gothaer Staatsarchiv die Zeitläufe überdauert. Das Schreiben ist mit einem irritierenden Doppelnamen unterzeichnet – mit Karl Karoline Hopf. Bereits vor Gericht hatte der Täter für Verwirrung gesorgt. Er trat in Frauenkleidern auf.

Neues Sauerkraut sei eingetroffen, verkündet Niemeyers Geschäft per Annonce. Das alljährliche Scheibenschießen auf dem Truppenübungsplatz wird für beendet erklärt. Albert Hähnlein sucht tüchtige Maurer. Und Seine Majestät der Kaiser lässt eines seiner Bildnisse übersenden – zur Ausschmückung des Soldatenheims.

Ohrdruf, Ende August des Jahres 1910. In dem Städtchen geht vieles seinen Gang wie eh und je. Nichts wirklich Aufregendes passiert.

Einem gewissen Karl Hopf müssen diese Bedingungen geradezu einladend vorgekommen sein. Ein gutes Jahr hatte der Tagelöhner in Ohrdruf in Lohn und Brot gestanden und auch manch dreisten Diebstahl verübt. Nun zieht es Hopf nach Oberhof in eine neue Stellung. Zuvor aber möchte er im vertrauten Ohrdruf noch einen letzten Raubzug starten.

Er greift zu einem Korb, legt eine Axt hinein...

Am Abend des 30. August streift Hopf durch Ohrdruf. Als ihm der Zimmermeister Robert Bochröder begegnet, hat Hopf spontan sein Ziel gefunden. Er kennt das Haus der Bochröders. Die kleine, feine Villa liegt am Ortsrand. Jetzt, da der Hausherr stadteinwärts läuft, so spekuliert Karl Hopf, ließe sich hier leichte Beute machen.

Wenig später liegt die Frau des Zimmerers tot im Flur und ihr Knäblein schwer verletzt in seinem Bett.

Es ist der Ehemann, der seine Familie gegen 22 Uhr in deren Blut entdeckt. Neun Axthiebe haben der Frau den Schädel zertrümmert und ein Ohr abgerissen. Auch der fünfjährige Rudolf wurde am Kopf getroffen. Er ist bewusstlos. Aber immerhin, er atmet.

Sofort setzt die Suche nach dem oder gar den Tätern ein. Im Laufe der Nacht kommen aus Erfurt zwei Polizeihunde an. Cleo und Harras. Sie führen die Polizeisergeanten bis zum Haus eines Zigarrenmachers. Er und sein Sohn werden festgenommen.

Beide sind unschuldig. Das aber weiß man noch nicht.

Letztlich geraten diese ersten Verhaftungen zum Auftakt für ein noch viele Monate währendes Verfolgen völlig falscher Spuren.

Schon am Folgetag wird der Zigarrenmacher wieder auf freien Fuß gesetzt, der Sohn bleibt in Haft. Einige Tage später kommt der Sohn frei, dafür nimmt man erneut den Vater in Gewahrsam. Doch die Kriminalisten tappen weiter im Dunkeln.

Das Herzogliche Staatsministerium aus Gotha übernimmt die Ermittlungen. Der Staatsanwalt setzt eine Belohnung über 500 Mark aus.

Der Tatort befand sich in einer kleinen Villa in der Suhler Straße von Ohrdruf.

Derweil orakeln die Zeitungen der Region um die Täter. Die Mörder *müssen Individuen von beinahe unfaßbarer Bestialität sein,* schreibt die Eisenacher Zeitung.

Im Waldboten heißt es: *Ein Racheakt scheint völlig ausgeschlossen und es kann nur ein von vornherein wohlüberlegter Raubmord in Frage kommen.* Zudem listen beide Blätter ungelöste Mordfälle im Gothaer Land auf.

Dazu zählt auch ein Fall aus einem Ortsteil von Luisenthal, aus Schwarzwald. Hier war anno 1906 eine Hebamme in ihrem Haus beraubt und getötet worden. Was zum Zeitpunkt dieser Veröffentlichung keiner ahnt: In beiden Fällen, in dem Ohrdrufer und dem Schwarzwälder, ist der Täter der gleiche.

In Ohrdruf ist die Bluttat das beherrschende Stadtgespräch. Nahezu täglich werden neue Details bekannt. So soll der Mörder lediglich ein Portemonnaie mit etwa 20 Mark gestohlen haben. Auch bleibt nicht unbemerkt, dass erneut ein Polizeihund zur Fährtensuche eingesetzt wird.

Der Sohn erwacht aus der Bewusstlosigkeit. Er hat eine schwere Kopfverletzung und ist einseitig gelähmt.

Das Grabmal der getöteten Marie Bochröder existiert nicht mehr.

Seine Mutter, Marie Bochröder, wird vom Amtsphysikus obduziert. Bereits am 2. September, also nur drei Tage nach ihrem Tod, wird sie in Ohrdruf bestattet. Ihr Mann Robert lässt ihr ein aufwendig gestaltetes Grabmal setzen. Es zeigt in Lebensgröße eine Frau, die sich trauernd über eine Urne beugt.

Nach drei Wochen wird der Zigarrenmacher freigelassen. Ein weiterer Monat vergeht ohne nennenswerte Ergebnisse der Ermittler.

Dann aber, Ende Oktober 1910, präsentiert der Staatsanwalt einen Tatverdächtigen. In Gotha hatte ein Fuhrwerksbetreiber bemerkt, dass einer seiner Knechte blutbefleckte Kleidung besitzt. Es handelt sich um einen gewissen Wilhelm Bach. Er war erst Monate zuvor aus dem Zuchthaus entlassen worden.

Ein Rückfalltäter?

Offenkundig hat die Staatsanwaltschaft Probleme, Bach die Tat nachzuweisen. Auf der Titelseite des Thüringer Waldboten erscheint ein Zeugenaufruf. Der Abdruck des Steckbriefs sticht allein schon deshalb hervor, da die Zeitung normalerweise keine Fotos veröffentlicht. Nun aber kann ein jeder den Verdächtigen

Lebenslang Zuchthaus ist grausamer als die Todesstrafe

Parallel zu den Ermittlungen in dem Ohrdrufer Mordfall erschien in Zeitungen der Region ein allgemeiner Beitrag zur Todesstrafe. Darin äußerte sich mit dem Zoologen und Philosophen Prof. Ernst Haeckel der damals berühmteste lebende Wissenschaftler Thüringens folgendermaßen:

Ein gesundes ethisches Gefühl findet nur in der Todesstrafe die volle Sühne für das Verbrechen, das durch planmäßige und eigennützige Vernichtung eines unschuldigen Menschenlebens begangen worden ist. Tatsächlich verlangt ja auch das natürliche sittliche Gefühl des Volkes immer wieder diesen Akt der Vergeltung, besonders dann, wenn der Mord (Raubmord, Lustmord usw.) unter besonders rohen und unmenschlichen Formen verübt worden ist.

Daher ist auch oft in solchen Staaten, in denen sie aus falscher Sentimentalität oder irrtümlicher Humanität abgeschafft war, die Todesstrafe immer wieder auf Grund korrekter Erfahrungen eingeführt worden. Die Hinrichtung erfolgt am einfachsten durch den Schlag einer elektrischen Batterie oder durch Zyankalium.

Die Abschaffung der Strafe des lebenslänglichen Zuchthauses halte ich für viel wichtiger und für mehr gerechtfertigt als die der Todesstrafe. Sie ist nach meinem Gefühl viel grausamer als letztere.

Ernst Haeckel

Das Gnadengesuch des Raubmörders

Eisenach, den 5. Oktober 1911
An Seine Königliche Hoheit von Sachsen,
Koburg, Gotha

Allergnädigster Herr Herzog.
Ich habe mich schwer versündiget bei Gott und in Ihren Land.
Ich habe den Tod verdient. Aber um Jesu willen bitte ich um
Gnade. Ich bitte Königliche Hoheit von der Todesstrafe abzuse-
hen. Ich bin es nicht werd, wenn ich begnadigt werde, ich kann

Das Gnadengesuch gehört zum Bestand des Thüringer Staatsarchiv Gotha.

nur bitten um Jesum willen. Und ich bitte allergnädigster Herr Herzog mich Lebenslänglich in eine Heilanstalt unterzubringen, wegen meiner Körperligen Leiden. Ich habe meine schwarzen Taten aufs bitterste bereut, und kann mich kaum beruhigen über das waß ich getahn habe. Ich kann arbeiten, und will fleißig arbeiten, ich will vür Gott und Menschen nützlich werden.
Untertänigst Karl (Karoline) Hopf

Der Raubmöder Karl Hopf alias Karoline Hopf.

Dieser Steckbrief wurde im Thüringer Waldboten veröffentlicht. Der Gesuchte war, wie sich später zeigte, unschuldig am Mord der Marie Bochröder.

in Anzug und mit Hut bestaunen. Auch über Bachs Scheinnamen wird aufgeklärt. Er soll sich als Brückner und Kutschbach ausgegeben haben.

Verwertbare Hinweise gehen nicht ein. Wilhelm Bach wird zwischenzeitlich wegen des Führens falscher Namen zu einem Monat Gefängnis verurteilt. Er sitzt die Strafe ab – und bleibt in U-Haft.

Am Silvestertag melden Zeitungen, dass er die Ohrdrufer Bluttat weiter leugne. *Er war bisher nicht des Mordes zu überführen.*

Es ist nicht überliefert, ob und inwieweit die Kriminalisten ihre Untersuchungen im Bochröder-Fall zu Jahresbeginn 1911 einstellen. Die Akten sind im Zweiten Weltkrieg verloren gegangen. Fest steht indes: Im Februar 1911 führt der Zufall doch noch zur Festnahme des tatsächlichen Mörders.

In Cabarz wird auf einem Scheunenboden eine Karoline Hopf gestellt. Da sie einen Revolver und ein Rasiermesser bei sich trägt, verdächtigt man sie, ein Gewaltverbrechen geplant zu haben.

Kurz darauf stellt sich heraus, dass Karoline Hopf im Sommer 1910 in Ohrdruf beschäftigt war – in der Zimmerei des Otto Bochröder. Er ist der Schwager des Opfers. Die Hopf kommt in Haft und damit eine erschütternde Lebensgeschichte ans Tageslicht.

Karoline war 1888 geboren worden – als Karl. Trotz mehrerer Operationen im Genitalbereich war sie im Standesregister weiter als männliche Person eingetragen.

Verhöre über Verhöre folgen. Nach vier Wochen gesteht Karl Hopf den Mord an Marie Bochröder sowie einen weiteren in Schwarzwald.

Im Juli 1911 wird ihm in Eisenach der Prozess gemacht. Als seine Geständnisse verlesen werden, bricht Hopf in Tränen aus. Sein Verteidiger versucht, Mitgefühl zu wecken. Er verweist auf das geschlechtliche Leiden, auf die seelische Zerrissenheit. Er beantragt, dass sich die Prozessbeteiligten den Körper anschauen. Die Geschworenen lehnen ab.

Drei Gutachter werden gehört. Sie bestätigen: *Die Verkümmerung der geschlechtlichen Organe ist zweifellos von Einfluss auf das Verhalten des Angeklagten.* Unzurechnungsfähig sei der Angeklagte jedoch keineswegs. Zudem stellen die Gutachter fest: Karoline ist eindeutig ein Mann. Ein Karl also. Dennoch: Vor Gericht tritt Hopf im Gewand einer Frau auf.

Ein Scheusal in Menschengestalt, kommentiert ein Gerichtsreporter.

Karl Hopf wird als Doppelmörder zum Tode verurteilt. Damit ist klar: Ihm droht, wie im Gothaer Herzogtum üblich, die Guillotine. Der Verteidiger geht in Revision. Er bringt den Fall vors Reichsgericht – ohne Erfolg.

Jetzt hat Hopf nur noch eine Chance. Am 5. Oktober 1911 richtet er ein Gnadengesuch an den Landesherrn. *Ich habe den Tod verdient. Aber um Jesu willen* bittet Hopf den Gothaer Herzog, *mich Lebenslänglich in eine Heilanstalt unterzubringen, wegen meiner Körperligen Leiden.*

Er unterschreibt mit *Untertänigst Karl (Karoline) Hopf.*

Der Herzog ist gnädig.

Hinrichtung eines Raubmöders beschäftigte drei Regierungen

Zeitgleich zum Mordfall in Ohrdruf bewegte ein weiterer Raubmord die Thüringer. Über die Hinrichtung des Paul Polz schrieb die Eisenacher Zeitung am 18. November 1910:

Nicht weniger als drei Regierungen sind durch die bevorstehende Hinrichtung des Raubmörders Paul Polz in Bewegung gesetzt worden. Bekanntlich stehen durch Staatsvertrag die thüringischen Regierungen in einer Gemeinschaftlichkeit der zur Verbüßung von längeren Freiheitsstrafen notwendigen Strafanstalten. Als Zuchthäuser – in denen der Vollzug der Todesstrafe regelmäßig stattfindet – dienten für männliche Strafgefangene bis vor wenigen Jahren die beiden Strafanstalten Gräfentonna und Untermaßfeld. Nachdem vor einigen Jahren erstere Anstalt auch für die Aufnahme weiblicher, auch jugendlicher Gefängnisstrafgefangenen umgebaut worden ist, kommt wesentlich jetzt für männliche Zuchthausgefangene Untermaßfeld in Frage. Für die Hinrichtung des Polz wäre nun an sich die Strafanstalt Gräfentonna (im Herzogtum Gotha gelegen) die gegebene Stelle gewesen.

Allein die Gothaische Regierung hat aus Rücksicht darauf, daß Gräfentonna jetzt gleichzeitig als Gefängnis für erwachsene und jugendliche weibliche Personen eingerichtet ist, berechtigten Grund zu Bedenken gegen eine dort vorzunehmende Hinrichtung, weil bei der Art der gegenwärtigen Benutzung der Anstaltsgebäude und der Lage der Zellen für weibliche Gefangene ein vollständiger Abschluß nach dem Anstaltshof, wenn überhaupt, nur mit ganz erheblichen Schwierigkeiten möglich sein würde. Sie hat sich deshalb mit dem Ersuchen an die Regierung in Meiningen gewandt, ihr zu gestatten, die Hinrichtung im Hof des Zuchthauses zu Untermaßfeld vorzunehmen.

Selbstverständlich bleibt der Strafvollzug ein Akt der Staatsanwaltschaft zu Gotha, wird von ihr und auf ihre Kosten ausgeführt, durch ihre Hilfsmittel und ihren Scharfrichter. Die Staatsanwaltschaft in Gotha hat nun, nachdem sie als Ort der Hinrichtung von der Meiningischen Regierung das Zuchthaus

Untermaßfeld bewilligt erhielt, bei der Weimarischen Regierung um leihweise Überlassung der dieser gehörigen Guillotine ersucht, was natürlich gleichfalls bewilligt worden ist. Das Richtwerkzeug ist am Sonnabend von Weimar nach Untermaßfeld abgegangen. Wie man sieht, müssen drei Regierungen in Bewegung gesetzt werden, bis es möglich ist, das schändliche Verbrechen des Polz zu sühnen. Wie wir gestern schon berichtet haben, wird der Scharfrichter Hirsch aus Gotha am kommenden Freitag die Hinrichtung vollziehen.

Donnerstag vormittag war Polz davon in Kenntnis gesetzt worden, daß eine Begnadigung durch den Herzog von Coburg-Gotha abgelehnt und das Urteil am Freitag vollzogen werden solle. Donnerstag nachmittag erhielt Polz durch den Anstaltsgeistlichen, Geh. Kirchenrat Dr. Fußlein, kirchlichen Zuspruch, worauf Polz entgegnete: »Ich habe ein schweres Verbrechen begangen, das seine Sühne fordert; ich glaube aber auch, daß mein Heiland mir vergeben wird. Bitte schreiben Sie Herrn Wirsing, daß er mir verzeihe.« Als letzten Wunsch erbat er sich belegte Brötchen und Wein, welches er zum Teil zu sich nahm. Die Nacht verbrachte er schlaflos. Freitag morgen 9 Uhr nahm er auf eigenen Wunsch das Abendmahl und trat dann ruhig und gefaßt, nicht gefesselt, den letzten Gang an. Im Hofe des Zuchthauses war bereits die Guillotine aufgestellt und Scharfrichter Hirsch aus Gotha wartete mit drei Gehilfen seiner Aufgabe. Kurz vor 10 Uhr läutete das Armsünderglöckchen.

Staatsanwalt Kiesewetter teilte dem Polz mit, daß er heute vor den ewigen Richter treten müsse und fragte ihn, ob er dazu bereit sei. Er antwortete: »Es ist gut!« Darauf wurde das Urteil verlesen und Polz betrat nach Ablegung des Überrocks gefaßt und mit den Worten: »Danken Sie meinen Aufsehern; Gott sei mir Sünder gnädig!« das Schaffot. Hier schnallten ihn die Gehilfen des Scharfrichters auf das Richtbrett, das sich alsbald neigte und unter das Fallbeil schob. Fast in demselben Augenblick verkündete der Rachrichter: »Herr Staatsanwalt, dem Gesetz ist Genüge geschehen!«

Dem Akt hatten auch zwei Professoren aus Jena und ein Arzt beigewohnt. Die letzte Hinrichtung in Untermaßfeld war am 12. März 1897 vollzogen worden.

Der Steinberg – Uhufelsen genannt – liegt in Sichtweite Rudolstadts. Das Foto entstand vom Dörfchen Eichfeld aus, wohin sich der verletzte Ditzen gerettet hatte.

Das Duell am Uhufelsen

Sie standen sich gegenüber wie Feinde, waren aber beste Freunde. Anno 1911 verabredeten zwei des Lebens müde Gymnasiasten ein Duell. Sieben Schüsse fielen am Uhufelsen bei Rudolstadt. Zwei aus einem Gewehr, fünf aus einem Revolver. Während der eine Schüler starb, überlebte Rudolf Ditzen schwer verletzt. Jahre später wurde er als Schriftsteller berühmt – unter dem Pseudonym Hans Fallada.

Am 17. Oktober des Jahres 1911, morgens gegen 9, wird der Rudolstädter Sanitätsrat Dr. Stauch zu einer Leichenschau in das nahe Dörfchen Eichfeld gerufen. Im dortigen Wirtshaus stößt er zunächst auf einen blutbedeckten jungen Mann, auf einen gewissen Rudolf Ditzen. Stauch versorgt sofort die Wunden. Zwei Revolverkugeln hatten die Brust im Bereich des Herzens getroffen. Erst später, im Krankenhaus, wird sich zeigen, dass keine der Verletzungen lebensbedrohlich ist.

Während sich der Sanitätsrat um Ditzen kümmert, berichtet ihm dieser von einem Duell, das auf einem nahen Plateau stattgefunden habe.

Sein Gegner, ein Gymnasiast namens Necker, sei tot. Augenblicklich macht sich Stauch nebst einigen Bauern auf den Weg.

Nach Ersteigung des Uhufelsens wurde die Leiche Neckers bald gefunden, hält der Arzt in seinem am nächsten Tag erstellten Bericht fest. *Die Kleider, Rock und Weste, hingen ordentlich auf beiden Seiten an Bäumen. An Neckers Leiche war zunächst eine Streifschußwunde an der linken Brust festzustellen, die ganz aus der Nähe abgegeben sein mußte, da Brandspuren am Hemd festzustellen waren. Die Wunde, die den Tod herbeigeführt hatte, wurde erst bei näherem Nachsuchen gefunden. Es war eine Schußwunde über dem Herz, die, ohne Blutspur zu hinterlassen, sich sofort wieder geschlossen hatte.*

Der Uhufelsen. Das Massiv ist für die Rudolstädter so etwas wie der Hausberg. Weithin sichtbar thront er über dem Tal der Saale. Auch für Rudolf Ditzen gehört der Uhu gewissermaßen zum Alltag. Der Primaner lebt zu jener Zeit in einer Mansarde am Fuße der Heidecksburg.

Trat der Schüler an sein Fenster, und der Tag war klar, so sah er über die Dächer der kleinen Stadt fort, über das mäßig weite Flußtal fort, über die sanften Laubhügel, die die andere Seite des Tals begrenzten, fort bis zu jenen schroffen Basaltfelsen mit ihren dunklen Tannen und Fichten, die der Uhu hießen.

Es ist im Jahre 1934, als Hans Fallada ebenjene Beschreibung in seinem Roman ›Wer einmal aus dem Blechnapf frißt‹ veröffentlicht. Ein romantischer Spaziergang hin zu einem Rittergut unterhalb des Felsens schließt sich an. Was der Autor seinen Lesern damals geflissentlich verschweigt: Weder Ausblick noch Landschaft oder Fußmarsch sind fiktiv. Fallada selbst war im Oktober 1911 zum Uhufelsen aufgebrochen. Damals freilich trug der Schriftsteller noch seinen gutbürgerlichen Namen. Rudolf Ditzen.

Es ging, wenn auch nur auf den ersten Blick, um ein Mädchen, um Erna Simon. Braune Augen soll sie gehabt haben. Sie war, so sagt man, nicht unschön anzuschauen.

Am Montag, dem 16. Oktober 1911, flaniert Erna Simon mit Rudolf Ditzen über die Rudolstädter Promenade. Plötzlich taucht ein weiterer Mitschüler auf, Hanns von Necker. Heftige Worte wechseln. Dann tauschen Necker und Ditzen ganz förmlich ihre Visitenkarten aus.

Kaum ist ein Duell auf diese Weise verabredet, malt der 19-jährige Ditzen gegenüber Erna die bevorstehende Schießerei auch schon in den schillerndsten Farben aus. Man werde sich rote Schleifen aufs Herz heften und dann aus 20 Schritten Entfernung aufeinander feuern. Natürlich habe der Geforderte das Recht auf den ersten Schuss. Schade sei nur, dass es wohl keine Sekundanten geben werde. Diese ließen sich unter Gymnasiasten nun mal nicht finden.

Rudolf Ditzen (linkes Detailbild) im Kreise des Rudolstädter Vereins Literaria. Bei dem Gymnasiasten auf dem rechten Detailfoto handelt es sich um einen Necker. Ob dies allerdings der getötete Hanns von Necker oder aber dessen Bruder ist, wurde nicht überliefert.

Anno 1911 | Das Duell am Uhufelsen

Lebenslauf in der Krankenakte der Psychiatrie wiederentdeckt

Der eine heftete sich eine rote Schleife auf die Brust. Der andere markierte jene Stelle, an der sein blutjunges Herz saß, mit einer Blume. *Und während ich nun zielte, schoß mir der Gedanke durch den Kopf: das ist ja Wahnsinn, daß du hier stehst … Dann drückten wir los. Ich hörte neben mir etwas surren, aber ich drehte mich nicht danach, ich sah mit einer Art Neugier auf H. D. Würde er fallen?*
Nur wenige Wochen nach dem Duell schreibt der Gymnasiast Rudolf Ditzen diese Zeilen nieder. Ditzen ist zu jenem Zeitpunkt in der Jenaer Psychiatrie eingewiesen. Hier sollen die Ärzte den Überlebenden des Duells ausführlich begutachten. Das Verfassen eines Lebenslaufes gehörte zur Therapie des 18-Jährigen. Die Wiederentdeckung der handschriftlichen Blätter gute 100 Jahre später gilt als Glücksumstand für die Forschung.
Schließlich hatte Hans Fallada zwar umfängliche autobiografische Zeugnisse hinterlassen, dabei aber das Duell mit seinem Mitschüler Hanns Dietrich von Necker ausgespart. *Wenn einer allein hingeht, so wird er auf dem Weg traurige, schwere Gedanken haben,* schreibt Ditzen in der Psychiatrie. *Wir zwei machen uns gegenseitig froh.*
Der Gymnasiast beendet seine Ausführungen mit der Frage nach dem bisherigen Sinn seines Lebens. *Ich fing mit Unlust diese Lebensbeschreibung an, diese Erzählung eines Lebens, das nie zart und schön, sondern stets ekelhaft oder krankhaft war. Aber ich sah mit Staunen, wie sich eins fein auf's andere aufbaute und das von frühester Jugend an alles diese Tat vorbereitete.*
Die Existenz dieses Lebenslaufes war der Forschung zwar über Jahrzehnte bekannt, der 36 Seiten umfassende Text an sich aber nicht. Das Dokument blieb aus nicht eindeutig geklärten Gründen in einem Archiv unter Verschluss, resümiert der Jenaer Historiker Daniel Börner. Er gestaltete auf Basis dieses Dokuments 2010 eine Ausstellung in Jena.

In diesem Haus lebte Ditzen zur Untermiete – in einer kleinen Mansarde. Vom Fenster aus hatte er den Uhufelsen im Blick. Fallada schwärmte von dieser Aussicht in einem späteren Roman.

Wie mag Erna all dies aufgefasst haben? Als bösen Scherz? Als Aufschneiderei? Hat sie gar Schuldkomplexe? Schließlich ging der Verabredung zum Duell eine Beleidigung voraus, die ohne ihre Gegenwart zeugenlos und damit wohl auch ohne Duell-Forderung geblieben wäre.

Zehn Wochen später wird bekannt: Ditzen hatte auch Erna nach dem Leben getrachtet. Dem Gymnasiasten sei, so notiert der ihn begutachtende Nervenarzt am Silvestertag des Jahres 1911, der Gedanke gekommen, dass *er Fräulein Simon erschießen müsse. Dieser Gedanke drängte sich ihm zwangsartig auf, ohne dass er ihn trotz größter Anstrengung loszuwerden vermochte.*

Schon einmal, zu Jahresbeginn, soll Ditzen ähnliche Fantasien durchlebt haben. Damals lebte er bei den Eltern in Leipzig. *Er habe sich in eine junge Dame verliebt und im Verlauf der Bekanntschaft den unwiderstehlichen Drang in sich gefühlt, das Mädchen, das er liebte, zu verletzen und ihr wehe zu tun. Aus diesem Zwange her–*

aus habe er anonyme Briefe geschrieben. Als die Sache herauskam, war er nach der Aussage des Vaters seelisch vollständig gebrochen.

Die Eltern schicken Ditzen daraufhin nach Thüringen. In Bad Berka soll er sich erholen, in einem Sanatorium für Nervenkranke. *Das Verbot des Nikotinmissbrauches wurde nicht befolgt,* hält ein Arzt fest. Nach acht Wochen wird Ditzen entlassen. *Gebessert, aber nicht geheilt.* Er besucht fortan das Gymnasium in Rudolstadt.

Hier wohnt er zur Untermiete bei einem Pfarrer. Der wird ihn später beschreiben als einen Menschen *mit krankhaft gesteigertem Selbstgefühl, von exzentrischem Wesen, aber scharfsinnig und schlagfertig.* Ähnlich urteilt der Klassenlehrer. Er sieht in Ditzen einen Dekadenten, der sich erhaben über Sitten und Gesetze fühle. Der Schuldirektor wiederum gewann von Ditzen den Eindruck eines *außerordentlich begabten jungen Menschen, der es wahrscheinlich weit gebracht hätte.* Dennoch sieht auch er einen Makel. Der Primaner *las Nietzsche, Oscar Wilde und ähnliche Sachen, für die er noch nicht reif war.*

Rudolf schließt sich dem Verein Literaria an. Bei dessem 30. Stiftungsfest entsteht ein Foto vor einer Bierhalle. Es ist das einzig bekannte Bild Ditzens aus dessen vier Rudolstädter Monaten. Zeitgenossen beschreiben ihn als kindlich gebaut. Bloße 54 Kilo wiegt der 1,76 Meter große Primaner. Mitschüler nennen ihn Harry. Harry, so wie eine Romanfigur von Oscar Wilde. Ein Dandy, der sein Leben wie ein Kunstwerk formt.

In Hanns von Necker, einem Mitschüler, findet Rudolf einen Gleichgesinnten. *Ich liebe meinen Freund Harry Ditzen sehr. Er übte über mich eine seltsame Gewalt aus, er konnte mich völlig seinem Willen unterwerfen ... Zürne ihm bitte nicht,* schreibt Necker seiner Mutter.

Es ist ein Abschiedsbrief. Das Duell ist längst verabredet. Necker ist sich nicht nur des nahen Todes gewiss, er sehnt ihn auch herbei.

Er und Ditzen fühlen sich auf dieser Welt unverstanden, sind des Lebens müde. Um die Selbsttötung zu tarnen, so liest Neckers Mutter, habe er *Harry öffentlich beleidigt* und auf diese Weise das vermeintliche Duell provoziert.

Am 17. Oktober 1911, in aller Herrgottsfrühe, wandern beide von Rudolstadt aus zum Uhufelsen. Eine gute Stunde dauert

Ditzen schleppte sich verletzt in den Eichfelder Gasthof. Dieser ist inzwischen Wohnhaus.

eine solche Tour. *Wie zwei friedliche Spaziergänger sind sie früh um halb sechs Uhr in der Nähe von Eichfeld gesehen worden, dicht nebeneinander, nur daß sie kein Wort miteinander sprachen.* Beide haben Schülermützen auf. Necker die der Sekundaner, Ditzen die der Primaner.

Hanns von Necker trägt einen Revolver mit sich. Rudolf Ditzen hat sich eine doppelläufige Tesching besorgt, ein kleinkalibriges Gewehr.

Sie stellen sich, so wird später rekonstruiert, in 14,50 Meter Entfernung voneinander auf. Der herausgeforderte Necker hat den ersten Schuss. Die Kugel schlägt in einer Kiefer unmittelbar neben Ditzen ein. Auch der Herausforderer fehlt.

Wieder schießt Necker. Daneben.

Ditzen hebt das Tesching, zielt und trifft.

Necker stürzt. Noch im Fallen ruft er, so sagt Ditzen aus: *Harry, schieß mich noch mal!*

Doch Ditzen hat keine Patrone mehr im Gewehrlauf. So greift er zu Neckers Revolver, setzt ihm diesen auf die linke Brust, drückt ab.

Die Obduktion wird ergeben: Dieser Gnadenschuss war kein solcher. *Eine Quetschwunde ungefährlicher Natur.* Tödlich war bereits der erste Treffer zwischen fünfter und sechster Rippe. Jetzt will sich Ditzen selbst töten. Er drückt den Revolver zwei Mal gegen die eigene Brust.

Beide Kugeln verfehlen das Herz.

Diese Kugel traf Hanns von Necker tödlich. Sie wird im Staatsarchiv Rudolstadt aufbewahrt. Hier befindet sich auch die historische Ermittlungsakte zu dem Fall.

Die eine verletzt die Lunge. Die andere trifft das Schulterblatt. Der 19-Jährige hatte schlichtweg nicht bedacht, den Revolver halbwegs gerade aufzusetzen. Dabei schien alles, bis hin zu diesem finalen Moment, perfekt inszeniert – einschließlich der Vermeldung des eigenen Todes.

Wir schreiben unsere Todesanzeigen selbst, das macht furchtbaren Effekt, so hatte der Primaner seiner Erna vorgeschwärmt.

Nun aber, angeschossen und blutend, schleppt sich Ditzen den Uhufelsen herunter, taumelt in Richtung des nächstgelegenen Dorfes. Bauern finden ihn, tragen ihn ins Wirtshaus. Sanitätsrat Stauch wird herbeigerufen. Stauch lässt Ditzen ins Krankenhaus bringen.

Nach genau einer Woche ergeht Haftbefehl. Er wird nie vollstreckt. Stattdessen wird der Primaner nach Jena überführt, in die Großherzogliche Landes-Irren-Heilanstalt. Auch hier spielt er mit dem Gedanken an einen Freitod. Im Dezember will er *sich mit den Armen in ein Fenster stürzen.*

Seine Ärzte kommen nach langen Gesprächen, nach Beobachtungen und nach der Analyse von Ditzens Briefen zu einem unmissverständlichen Schluss: *Ditzen gehört in die Kategorie der Psychopathen.*

Insgesamt 16 doppelseitig beschriebene Bögen umfasst das psychiatrische Gutachten, das sie erstellen. Es existiert noch immer und ist feinsäuberlich eingebunden in eine Kriminalakte der Schwarzburgischen Staatsanwaltschaft.

Gut fünf Zentimeter ist dieses Aktenbündel dick, ein längst verblasster, rötlicher Ordner. Die Blätter sind, Ordnung muss sein, durchnummeriert bis zur 230. Der Haftbefehl gegen Ditzen.

Die Duellanten Rudolf Ditzen und Hanns von Necker besuchten das Fridericianum in Rudolstadt.

Briefe. Gutachten. Zeugenaussagen. Die meisten handschriftlich, einige wenige mit Maschine getippt.

Mittendrin steckt ein Umschlag. In ihm stecken, eingewickelt in Watte: Tabakkrümel der letzten Zigarette vor dem Duell, ein Fetzen Stoff sowie jene Kugel, die Necker getötet hatte.

Es sind die letzten Beweisstücke eines Falles, der nie vor Gericht gekommen ist.

Bei dem Überlebenden, bei Ditzen also, so resümieren die Nervenärzte, kann *bei der Ausführung der Tat von einer freien Willensbestimmung nicht die Rede sein.* Damit greift Paragraf 51. Der Schüler gilt als unzurechnungsfähig.

Die Anklage wird fallengelassen.

Rudolstadt, im Mai 2009. Der Fußweg von Ditzens Mansarde zu seinem einstigen Gymnasium führt vorüber an einem Haus, dessen Fensterläden mit Versen beschriftet sind. Eines der Gedichte stammt von Lisa, einer Schülerin.

Sie schreibt: Herbst. Das bunte Blatt fällt vom Baum, es hat ihn satt, den Sommertraum.

Die Titanic
auf einem Foto
von 1912.

Hochstapler auf der Titanic

Als 1912 die Titanic unterging, will ein Offizier aus Erfurt auf der Brücke gestanden haben. Erst nach Jahren, in denen Max Dittmar ungezählte Vorträge hielt sowie Bücher schrieb, flog er als Betrüger auf. 1943 wurde seine Geschichte sogar verfilmt – als Propaganda-Machwerk der Nazis.

Der russische Gesandte ist kurz nach seiner Ankunft in München verstorben. Die Mongolei löst sich von China. In Mexiko wurde ein Komplott gegen Präsident Madero aufgedeckt.
 Als am 15. April 1912 die Morgenausgabe des ›Allgemeinen Anzeigers‹ erscheint, gibt sich das Erfurter Blättchen zumindest auf Seite 1 als ein um Weltläufigkeit bemühter Titel zu erkennen. Die Überschrift ›Das Wichtigste vom Tage‹ bündelt sieben Meldungen von, nun ja, internationalem Format.

Etwa zur selben Stunde, da die Erfurter im Anzeiger zu blättern beginnen, ereignet sich das Wichtigste vom Tage vor der Küste Neufundlands. Gegen 2.20 Uhr Ortszeit ertrinken 1.503 Menschen im Nordatlantik.

Der Dampfer der White Star Line Titanic ist mit einem Eisberg zusammengestoßen und schwer beschädigt, meldet der ›Allgemeine Anzeiger‹ am nächsten Tag. *Der Dampfer ist auf dem Weg nach Halifax. Die Passagiere sind alle gerettet.*

Erst in der nächsten Ausgabe kann das Blatt *die guten Nachrichten, die gestern abend Schlag auf Schlag einander folgten,* korrigieren. Die Notizen über *eine der größten Schiffskatastrophen, die sich je ereignet haben,* füllen in den folgenden Tagen etliche Seiten.

Noch aber soll es weitere 13 Jahre dauern, ehe die Erfurter die vollständige Wahrheit über das Unglück erfahren.

In jenem September des Jahres 1925 gibt ein Erfurter namens Max Dittmar seine Tagebuchblätter in Druck und outet sich darin als Navigationsoffizier der Titanic. *Anfang April 1912,* so berichtet der mehrere Jahre in britischen Diensten gestanden habende Seemann, *wanderte ich ohne eigentliche Beschäftigung durch die City of London, als ich unvermutet auf einen alten Bekannten stieß. Es war der Kapitän W. Smith, der soeben Kommodore des neuen Riesendampfers Titanic geworden war. Er fragte mich gleich nach der ersten Begrüßung, ob ich schon irgendwo an Bord sei. Als ich dies verneinte, erklärte er mir, er müsse bereits morgen mit der Titanic in See, und nun sei sein Dritter Wach- und Navigationsoffizier plötzlich krank geworden; ob ich nicht die Reise mitmachen wolle?! Ich überlegte mir die Sache kurz und sagte zu …*

Es sind freilich weniger die bizarr anmutenden Musterungsbräuche, die für Aufsehen sorgen, sondern vielmehr Dittmars Resümee der Katastrophe. Kein einziger Passagier, so behauptet der angebliche Titanic-Offizier, hätte sterben müssen, wenn, ja wenn der *Kommodore* seiner seemännischen Erfahrung vertraut hätte.

Captain! I smell ice!

Kapitän! Ich rieche Eis!

Doch statt *unverzüglich meinem Winke zu folgen,* habe Smith die Fahrt des Dampfers nicht verringert. *Das Geschäftsinteresse der Schiffahrtsgesellschaft wollte es anders.*

Dittmars Zetern richtet sich vor allem gegen den auf der Titanic mitreisenden Direktor der White Star Line. Bruce Ismay sei vom Ehrgeiz besessen gewesen, *womöglich durch Aufstellen eines neuen Schnelligkeitsrekords das Blaue Band des Ozeans* zu erobern.

Das Blaue Band. Bereits vier Tage nach der Katastrophe war es durch die Erfurter Lokalpresse geflattert. *Die Titanic gehört zu den englischen greyhounds, welche mit einer Geschwindigkeit von 25 Seemeilen den Nordatlantik durchpflügen,* kolportierte der ›Allgemeine Anzeiger‹ am 19. April 1912.

Nach dem Grundsatze: Britannien beherrscht die Meere, habe der Dampfer das blaue Band den Engländern sichern sollen.

Max Dittmar hätte es besser wissen können – und als Titanic-Offizier auch müssen.

Das Schiff war mit 46.000 PS zwar äußerst leistungsstark, konnte aber wegen seiner enormen Tonnage keinesfalls das Tempo der den Rekord haltenden Mauretania (Cunard-Reederei) brechen. Das freilich waren auch nie die Intentionen der White Star Line gewesen. Sie hatte die R.M.S. Titanic als Luxusliner konzipiert, nicht als Schnelldampfer.

Den Erfurter Seemann scheint dies alles kaum geschert zu haben. Ganz so, als gelte es, erst gar keinen Zweifel an seiner Schilderung aufkeimen zu lassen, betont der Kapitän a.D. Max Dittmar im Vorwort seiner Memoiren mehrfach, dass sich die *tatsachengetreue Wiedergabe jeder schmückenden Zutat* enthält. Gegenüber anderen Berichten zeichne sich seiner vor allem durch *den Vorzug unbedingter Wahrheit* aus.

Dass sich der Erfurter indes bereits mit dem Titelbild diskreditierte, fiel seinerzeit vermutlich kaum jemandem auf, vielleicht nicht mal ihm selbst. Die Zeichnung zeigt die sinkende Titanic mit vier rauchenden Schloten. Tatsächlich hatten nur drei gequalmt. Der vierte Schornstein war eine Attrappe.

Sollten die schrecklichen Erlebnisse das Erinnerungsvermögen des Nautikers ein wenig getrübt haben? Zumindest in der Unglücksnacht, die Dittmar im Tagebuch übrigens um 25 Stunden und zehn Minuten vorverlegt, will er hellwach gewesen sein. *Um einhalb elf Uhr spürte ich, wie das Schiff einen leichten Stoß erhielt ... Ich blickte über die Reling hinaus angestrengt in die Nacht. ... weit hinten gewahrte ich undeutlich eine weiße Masse.*

Vom Agenten zum Kapitän a. D.

Verlässliche, aus neutralen Quellen stammende Angaben über das Leben des Max Dittmar sind rar.

Geboren 1865 in Lengerich (Westfalen), zog Mäxchens Familie 1870 nach Erfurt. Mit 14 wird er Schiffsjunge. Mitte der 1880er Jahre lässt sich Dittmar als Navigator ausbilden. Später heuert er als Steuermann auf britischen Handelsschiffen an.

Vermutlich zwischen 1914 und 1916 kehrt Max Dittmar nach Erfurt zurück. Das genaue Datum lässt sich nicht mehr bestimmen: Sein vom damaligen Einwohnermeldeamt geführtes Registerblatt ist im Gegensatz zu denen etlicher Namensvetter nicht mehr auffindbar.

So bleibt als Quelle lediglich das offiziöse Adressbuch von Erfurt. Anno 1916 vermerkt es: *Dittmar, Max, Agent, Bergstr. 5.* Drei Jahre später zieht Dittmar in die Albrechtstraße 15, kurz darauf in die Nordstraße 54, 1930 dann in die Blumenstraße 2. Die vier Adressen liegen nahe beisammen, sie gehören zu einem Arbeiterwohnviertel.

Diese Zeichnung von sich stellte der Erfurter Max Dittmar seiner 1926 in Buchform erschienenen Biografie voran.

1924 macht Max Dittmar im Adressbuch eine Verwandlung durch. Aus dem Agenten wird jetzt ein Kapitän a. D. Der Seemann hat sein Pensionsalter erreicht. Trotzdem betreibt Dittmar noch eine Materialverwaltung, was eventuell eine Kolonialwarenhandlung meinen könnte. Doch weder im Handelsregister noch in Branchenverzeichnissen ist Genaueres in Erfahrung zu bringen. Ein Max Dittmar taucht in ihnen überhaupt nicht auf.

Mit dem Revolver gedroht

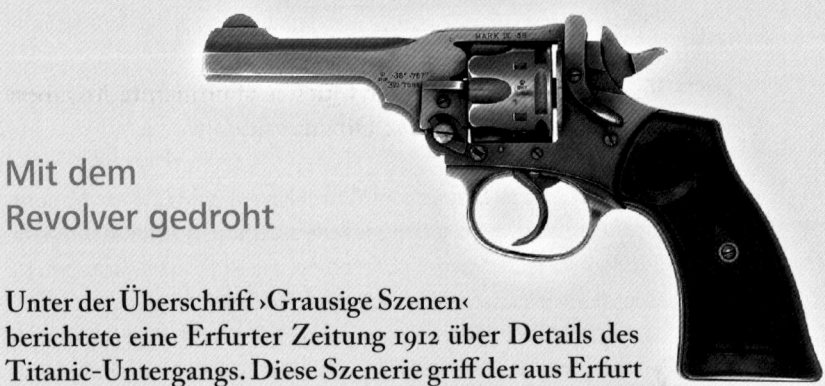

Die Titanic-Offiziere führten Revolver vom Typ ›Webley & Scott‹.

Unter der Überschrift ›Grausige Szenen‹ berichtete eine Erfurter Zeitung 1912 über Details des Titanic-Untergangs. Diese Szenerie griff der aus Erfurt stammende Titanic-Hochstapler Max Dittmar in seiner Autobiografie auf.

Aus dem ›Erfurter Allgemeinen Anzeiger‹ vom 22. April 1912: Die Offiziere der »Titanic«, die mit einer Geschwindigkeit von 21 Knoten auf den Eisberg stieß, hatten, wie jetzt festzustehen scheint, Order, auf der ersten Reise einen Schnelligkeitsrekord aufzustellen. Der Aufopferung und dem Heroismus des Kapitäns Smith wird von allen Seiten das beste Zeugnis ausgestellt. Bevor die Wellen ihn von seinem Posten schleuderten, rief er noch durch das Sprachrohr der Menge im Schiffsraum zu: »Zeigt euch als Briten!« Einige haben gesehen, wie er noch im Wasser den Schwimmenden zu helfen suchte. Andererseits sind bei den letzten verzweifelten Anstrengungen, sich zu retten, grausige Szenen von Gewalttätigkeiten vorgekommen, und es mußte von den Revolvern Gebrauch gemacht werden.

In Dittmars Autobiografie heißt es: *Wir mußten fortwährend mit unseren Revolvern drohen, um eine Überfüllung der Boote zu verhindern. Auch der Direktor Mr. Bruce Ismay wollte in eins der Boote klettern, und nur mit Mühe konnte ich ihn davon abhalten. Er sagte:* »*Ich bin der Direktor der White-Star-Line und verlange von Ihnen, in das Boot gelassen zu werden!*« *Ich hielt ihm den Revolver vor die Brust und erklärte ihm:* »*Und wenn Sie der Herrgott selber wären! Sie kommen nicht in das Boot!*«

Das mußte ein Eisberg sein, mit dem wir in Kollision gekommen waren.

Während die übrige Besatzung noch über den Stoß rätselte, *hatte ich inzwischen schon längst erkannt, was geschehen war ... Das Schiff war verloren!*

Nicht mal drei Stunden bleiben der Titanic. Drei Stunden, in denen 2.188 Menschen verzweifelt um ihr Leben kämpfen. 685 können sich retten. *Die schwere Aufgabe, die Einschiffung in die Rettungsboote zu leiten,* übernahm, wer sonst: ein wackerer Germane. Max Dittmar.

Frauen und Kinder zuerst!

Ausgerechnet Lord Ismay habe sich über diese eiserne Regel hinwegsetzen wollen. Doch nicht mit Dittmar! *Ich hielt ihm den Revolver vor die Brust und erklärte ihm: Und wenn Sie der Herrgott selber wären! Sie kommen nicht in das Boot!*

Ismay überlebte dennoch die angeblich von ihm verschuldete Katastrophe. Er sprang in der Realität, nicht im Buch, gegen 1.40 Uhr in das erheblich unterbesetzte Behelfsboot C.

Obwohl die Schilderung des Titanic-Desasters nicht mal elf Seiten in Dittmars Memoiren umfasst, wird der 60-Jährige in Deutschland damit sofort zum gefragten Kronzeugen wider den vermeintlichen Erbfeind zur See. Immer wieder hält er in den nächsten Jahren Vorträge über seine Erlebnisse. Dabei lernt Dittmar den Schriftsteller Josef Pelz von Felinau kennen, der ihn als Berater für einen Titanic-Roman engagiert.

Das Buch erscheint 1939 und rückt Dittmar alias Pittmann als Helden in den Mittelpunkt.

Als vier Jahre später die Titanic auf deutschen Kinoleinwänden versinkt, steht Dittmar-Pittmann nicht mehr auf der Brücke. Dennoch: Die Person des an seine Stelle gerückten Offiziers Petersen verkörpert zweifelsohne den Erfurter.

Die Namensänderung war unausweichlich geworden. Längst ward einem kleinen Kreis von Entscheidungsträgern bekannt, dass die Memoiren nichts als Seemannsgarn waren.

Dittmar ist zu diesem Zeitpunkt bereits tot. Er erliegt 1939 in Berlin einem Herzanfall ausgerechnet während eines Vortrags über die Titanic.

Wenig später zettelt sein Sohn einen Streit mit Josef Pelz von Felinau um die ihm als Erbe zustehenden Tantiemen an. Doch

Die zeitgenössische Darstellung zeigt die sich vom Luxusliner entfernenden Rettungsboote. Der Hochstapler Dittmar will das Besetzen dieser Boote kommandiert haben.

der Junior begeht den Fehler, beim Amtsgericht Charlottenburg (Berlin) den Seemannspass seines Vaters als Beweisstück vorzulegen. Alsbald stellt sich heraus: Die die Titanic betreffende Eintragung ist gefälscht. Dittmar hatte im April 1912 zwar in englischen Diensten gestanden, aber auf einem den Pazifik, nicht den Atlantik befahrenden Frachter.

Was genau stand in seinem Pass? Das Dokument gilt ebenso als verschollen wie die damaligen Gerichtsakten.

Indes: Es hätte nicht erst des Prozesses bedurft, Max Dittmar als Hochstapler zu entlarven. Bereits wenige Wochen nach dem Untergang der R.M.S. Titanic legten die in New York und London eingesetzten Untersuchungsausschüsse exakte Namenslisten von Opfern und Geretteten vor. Zudem machte der US-Ausschuss am 28. Mai 1912 das Protokoll der Untersuchung öffentlich – inklusive der umfänglichen Befragung des tatsächlichen Dritten Offiziers. John Herbert Pitman. Ein Brite.

Hat später tatsächlich niemand diese Dokumente mit Blick auf Max Dittmar überprüft? Zumindest der Hochstapler selbst dürfte die Protokolle gekannt haben. Er muss gelesen haben, wie Pitman half, die Rettungsboote klarzumachen.

13 Jahre später schlüpft Dittmar in die Rolle des Pitman. Er nennt sich Pittmann.

Das Original fährt zu diesem Zeitpunkt noch immer zur See. John Herbert Pitman stirbt 22 Jahre nach Dittmar, 1961, im Alter von 84.

Der Mythos, dass ein Erfurter als Navigationsoffizier auf der Titanic fuhr, hielt sich weit über das Ableben der Herren Pitman und Pittmann hinaus. Noch 1981 erklärte das Erfurter Stadtarchiv auf Anfrage, die von Max Dittmar aufgestellten Behauptungen seien wahr.

Doch warum konnte der Hochstapler in den 1920ern und 30ern überhaupt auf solch unvergleichliche Weise reüssieren? War es die Größe seiner Lüge, die ihn quasi unanfechtbar werden ließ? Zweifelte man ihn in der Weimarer Republik gerade deshalb nicht an, weil sich seine Mär nahtlos in die grassierenden Hetztiraden wider die britische Plutokratie fügte? Oder lag die kritiklose Aufnahme gar daran, dass sich Dittmar mit seinen bei K.F. Koehler (Berlin & Leipzig) erschienenen Memoiren in erlauchter Gesellschaft befand? Immerhin hatten im gleichen Verlag bereits Winston Churchill sowie Großadmiral von Tirpitz ihre Erinnerungen an die Weltkrisis veröffentlicht.

Nun also Dittmars Buch ›Ein Menschenalter auf dem Meere‹. 126 Seiten, 14 Abbildungen.

Fünf größere Schiffbrüche will Max Dittmar erlitten haben. Darf man ihm wenigstens glauben, was er jenseits seines Titanic-Abenteuers niederschrieb? Oder wogte in seinem Leben allein die Fantasie, nimmer aber das Weltenmeer?

Der dritte Offizier der Titanic – ein ewiges Mysterium also? Man kann es durchaus so sehen – oder es halten wie der ›Allgemeine Anzeiger‹ im Jahre 1912. Noch während die Titanic-Untersuchungsausschüsse tagten, bestimmten längst andere Katastrophen die Schlagzeilen. *Atlantic City (Nordamerika). Das zur Fahrt über den Atlantischen Ozean bestimmte Luftschiff Akron ist in einer Höhe von etwa 800 Metern explodiert.*

Ein Thüringer war nachweislich nicht an Bord.

Erfurt als Hochburg der Hochstapler

Nicht nur der falsche Titanic-Offizier aus Erfurt sorgte in den 1920er Jahren in ganz Deutschland für Schlagzeilen. Zwei weitere Hochstapler legten hier eine Aufsehen erregende Karriere hin.

Etwa Martha Barth. Sie zeigte sich in der Öffentlichkeit liebend gern in der Tracht einer Krankenschwester, ganz so, wie es sich nach dem Ersten Weltkrieg für blaublütige Damen geziemte. Doch war es tatsächlich standesgemäß, das Auftreten von Margarethe, der vermeintlichen Prinzessin von Preußen?

Eher nicht.

Die Dame lebte von 1921 bis 1925 vor allem auf Kosten einer Geschäftsfrau aus Erfurt. Sie ließ sich von einem Fotografen aushalten und von einem Buchhändler, betrog einen Arzt.

Während fünf Jahren gelang es einer Martha Barth, zahlreiche Thüringer mit der frei erfundenen Geschichte einer fallengelassenen Adeligen nachhaltig zu täuschen. Ihre Opfer fand die Hochstaplerin vor allem in Erfurt, aber auch in Ilmenau, Stützerbach und Gießübel. Mal trat sie als preußische Prinzessin auf, mal als Baronesse oder als Gräfin, gelegentlich auch als Pastorenwitwe.

Der berühmteste Fall ist der des falschen Prinzen. Harry Domela, ein staatenloser Vagabund, gab sich 1926 in Erfurt als Prinz von Preußen aus. Er logierte im Hotel ›Erfurter Hof‹. Über Wochen lagen ihm Dutzende Honoratioren und Adelige zu Füßen, und das weit über Erfurt hinaus. In Gotha wurde der Prinz vom Oberbürgermeister empfangen. In Tüngeda (Wartburgkreis) arrangierte man für ihn eine Jagd. Theater reservierten für ihn Logenplätze.

Im Dezember 1926 bricht Domela seine Hochstapelei ab und verschwindet spurlos. Wenig später gehört er zu den meistgesuchten Kriminellen des Deutschen Reichs. 1927 wird ihm der Prozess gemacht. Er kommt mit einer siebenmonatigen Haftstrafe davon.

Hochstapler gaben sich in Erfurt unabhängig voneinander als Prinzessin und Prinz von Preußen aus. Die Stadt war seit 1802 preußisch. Noch immer kündet davon ein Adler auf der Festung Petersberg.

Das Verbrecheralbum

Wie sahen gewöhnliche Ganoven in Thüringen aus? In Eisenach lassen sich genau 41 Antworten darauf finden. Hier hat ein Polizist eine Kartei mit Verbrecherfotos aus den 1920er Jahren aus einem Müllcontainer gerettet. Das Album erzählt spannende Geschichten aus dem Alltag, lässt dabei aber auch viele Fragen offen.

Alfred A. schaute mit blauen Augen in die Welt. Er trug einen kräftigen Schnauzbart, hatte dünne Lippen und sprach Thüringer Mundart. Und sonst? Sonst war Alfred A. ein Abtreiber und Mörder.

Die wahre Geschichte des Alfred A. hat sich im Dunkel der Geschichte verloren. Nicht aber sein Steckbrief. Ein 1924 aufgenommenes Foto des Thüringers hat alle Zeitläufe überdauert – in einem Verbrecheralbum. Das Bild ist kaum größer als eine Spielkarte. Abgegriffen ist es und stockfleckig. Dennoch ist noch immer gut zu erkennen, dass Alfred A. eine einfache Jacke trägt und darunter ein weißes, kragenloses Hemd. Er verdiente sich seinen Lebensunterhalt als Schnitter. Als Erntehelfer also. So jedenfalls steht es in jener Verbrecherkartei, die Alfred A. des Mordes bezichtigt.

Wen er getötet hat und warum, darüber verrät der Steckbrief nichts. Auch über ein eventuelles Urteil schweigt sich die Akte aus.

Das muss freilich kaum wundern. Die Eisenacher Polizei hatte das Foto in erster Linie aufgenommen, um Alfred A. in ihr Verbrecheralbum aufnehmen zu können. Derartige Alben mit Lichtbildern und Beschreibungen von Kriminellen gab es zu diesem Zeitpunkt in Deutschland bereits seit rund 50 Jahren. Doch nur die allerwenigsten Fotoalben existieren noch. Dass das Eisenacher Exemplar erhalten blieb, ist allein einem Glücksumstand zu verdanken. Ein Kriminaltechniker entdeckte das Album vor einigen Jahren beim Umzug der Dienststelle in einem Abfallcontainer. Die Dokumente sollten eigentlich entsorgt werden. Inzwischen gehört das Album zu einer privaten Sammlung zur Thüringer Kriminalgeschichte.

Einst gab es in diesem Verbrecheralbum Platz für exakt 396 Fotos. Nur 41 Bilder blieben erhalten. Die dazugehörigen Steckbriefe weisen die Täter zumeist als Sittlichkeitsverbrecher, Körperverletzer und Abtreiber aus. Lina S. etwa, eine Arbeiterin

Lina S. wurde 1921 in Eisenach der Abtreibung beschuldigt. In der Verbrecherkartei wird die 19-Jährige als schmalgesichtig und gesund aussehend beschrieben.

Anno 1920–1925 | Das Verbrecheralbum

Die Nummern im Verbrecheralbum sind keine Jahreszahlen, sondern entsprechen einer fortlaufenden Nummerierung der Fotos. Willi Max R. (links) und Karl R. wurden 1921 als Sittlichkeitsverbrecher registriert.

aus Eisenach, hatte sich nur wenige Tage nach ihrem 19. Geburtstag der Abtreibung ihrer Leibesfrucht schuldig gemacht. Am gleichen Tag als ihr Polizeifoto aufgenommen wurde, musste sich auch eine Ida F. ablichten lassen. War sie die Abtreiberin? Oder hatte die aus Weimar stammende Christa H. diese blutige Arbeit übernommen? Die 60-Jährige war sechs Tage nach Lina S. und Ida F. festgenommen worden. Das Foto zeigt eine reife, gelassen wirkende Frau.

Abtreibungen waren im Deutschland des frühen 20. Jahrhunderts ein Massendelikt. Schätzungen zufolge kamen auf 100 Geburten bis zu 25 Abtreibungen. Das Strafgesetzbuch des Deutschen Reiches sah harte Strafen vor. Schwangeren wurden bis zu fünf Jahren Zuchthaus angedroht. *Sind mildernde Umstände vorhanden, so tritt Gefängnisstrafe nicht unter 6 Monaten ein*, legt § 218 fest. Außerdem galt: *Die selben Strafvorschriften finden auf denjenigen Anwendung, welcher mit Einwilligung der Schwangeren die Mittel zu der Abtreibung oder Tötung bei ihr angewendet oder ihr beigebracht hat.*

Welche Strafen Lina S., Ida F. und Christa H. zuerkannt wurden, geht aus dem Verbrecheralbum nicht hervor.

Alfred A. kam 1924 in Haft. Auf der Rückseite des Fotos ist sein Steckbrief vermerkt. Die Polizei führte ihn in der ›Verbrecher Kategorie‹ als Abtreiber und Mörder.

Fakt ist: Ihre Fälle fallen in eine Zeit des Umdenkens und der zunehmenden Liberalität. Gustav Radbruch, Justizminister der Weimarer Republik von 1921 bis 1923, kommentierte damals: »Es hat noch nie eine reiche Frau wegen Paragraph 218 vor dem Kadi gestanden.« Bereits 1920 war auf Initiative des SPD-Politikers Radbruchs im Reichstag die Straffreiheit bei Abtreibung in den ersten drei Schwangerschaftsmonaten debattiert worden. Der Antrag kam nicht durch. Doch er bereitete den Boden für weitere Initiativen zur Strafmilderung.

Dann aber kamen die Nationalsozialisten 1933 an die Macht. Sie hoben die Strafe aufs Schärfste an. *Wer es unternimmt, die natürliche Fruchtbarkeit des deutschen Volkes zum Schaden der Nation künstlich zu hemmen,* kam ins Zuchthaus oder wurde sogar mit dem Tode bestraft.

41 Menschen aus Thüringen versammelt das Eisenacher Verbrecheralbum. Ein Kaufmann und eine Wirtshausherrin sind darunter, eine Pflegerin und allerlei einfache Arbeiter. Da die Lichtbilder allesamt datiert sind, lässt sich den Fällen zumindest ansatzweise nachgehen. Etwa dem des Artur K., der am 2. Mai

Heinrich B. (links) stammte aus dem südthüringischen Eisfeld und Artur K. aus Eisenach. Beide wurden 1925 wegen Körperverletzung festgenommen, der eine im Februar, der andere im Mai.

Gertrud Z. wurde im Advent des Jahres 1920 als Abtreiberin verhaftet. Ihr drohten bis zu fünf Jahre Zuchthaus.

1925 vor dem Polizeifotografen sitzt. K. ist zu diesem Zeitpunkt knappe 20 Jahre alt. Gerade mal 1,55 Meter ist er laut seinem Steckbrief groß. Doch das Bürschchen scheint schlagkräftig zu sein. K. wird der Körperverletzung bezichtigt.

Wer war K.? Was genau hat er verbrochen? Wir schlagen in zeitgenössischen Zeitungen nach und werden scheinbar fündig. Am 2. und 3. Mai 1925 berichtet die ›Eisenacher Zeitung‹ von Schlägereien und einer Messerstecherei in der Nacht zum 2. Mai. *Verschiedene Personen wurden in der Polizeiwache auf ihre Namen festgestellt*, schreibt das Blatt. Auch die Namen zweier inhaftierter Messerstecher werden genannt, nicht aber der von Artur K. Vielleicht ging die Sache ja gut für ihn aus.

Der Sinn des Verbrecheralbums

Verbrecheralbum, eine auf Alphonse Bertillon zurückführende Einrichtung, die den Zweck hat, rückfällige Verbrecher, die einen falschen Namen angeben, zu erkennen. Jeder eingelieferte Verbrecher wird von der Behörde nach bestimmten Regeln gemessen und dann photographiert.

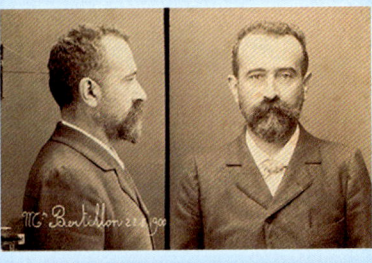

Selbstporträt von Alphonse Bertillon (1853–1914) im Stile eines Verbrecherfotos. Die Aufnahme entstand im Jahre 1900.

Die Photographien werden systematisch in Gruppen geteilt. Zuerst in drei Gruppen nach der Länge des Kopfes (große, mittlere und geringe Kopflänge). Jede dieser drei Gruppen wieder in drei Gruppen nach großer, mittlerer und geringerer Kopfbreite, jede dieser in drei Gruppen mit großem, mittellangem und kleinem Mittelfinger, diese wieder nach drei Längen des Fußes, die neuen nach drei Längen des Unterarmes, diese wieder nach der ganzen Gestaltsgröße. So entsteht immer eine kleinere Gruppe.

Wird nun ein Verbrecher eingeliefert, so wird durch Messung festgestellt, in welche Gruppe er gehört, dann nach Augenfarbe, Länge des kleinen Fingers, der Spannweite der Arme oder der Höhe der Büste konstatiert. Es ist so möglich, aus dem Album zu erkennen, ob man es mit einem rückfälligen Verbrecher zu tun hat.

Zitiert nach Meyers Großes Konversations-Lexikon, Band 20, Leipzig 1909

Das Schloss Friedenstein verlor in Folge des letzten Krieges unermessliche Kunstschätze. Sowohl die herzogliche Familie als auch Besatzungstruppen und Diebe bedienten sich. Schließlich stahlen Einbrecher zu DDR-Zeiten auch noch fünf wertvolle Ölgemälde.

Hoheit ließen verscherbeln

Raubkunst oder Kriegsverlust? Gestohlen, verschollen oder gar in vermeintliche Sicherheit gebracht? Angesichts vieler Kunstwerke, die als national bedeutsam eingestuft sind, stellen sich auch unbequeme Fragen. Wie ist es eigentlich genau um das Verschwinden wertvoller Gothaer Kunstschätze ausgangs des Weltkrieges bestellt?

Das Gemälde eignet sich vortrefflich dazu, übersehen zu werden. Bloße 15,6 mal 12,7 Zentimeter misst es, kaum mehr als eine Postkarte also. Doch wer sich einlässt auf das klitzekleine Selbstbildnis, wird fasziniert sein. Es zeigt einen jungen Burschen mit weit aufgerissenen Augen, beinahe so, als habe ihn ein Fotograf mit einem Schnappschuss überrascht. Scheu und fragend blickt er in eine Welt, die ihn Jahrhunderte später als einen der Großen feiern wird. So taugt das Porträt trotz seiner Minimalmaße durchaus zu einem Schlüsselbild, um sich dem Malergenie Rembrandt zu nähern.

Es sind nicht zuletzt seine Maße, die dem Selbstbildnis in Thüringen eine ganz besondere Rolle beschert haben. Klitzeklein wie es war, ließ sich das Bild vor sechs Jahrzehnten an jeder Kontrolle vorbei vom sowjetisch besetzten Gotha ins bayerische Coburg schmuggeln.

Gotha, im Juni 1945. Noch ist die Stadt von den Amerikanern besetzt. Erst in einer Woche soll die Rote Armee das Kommando vereinbarungsgemäß übernehmen. Im Schloss Friedenstein sind am 26. Juni unabhängig voneinander zwei Gruppen unterwegs, um Kunstwerke zu begutachten. Zu der einen gehören der Kreisbaurat Hermann Henselmann sowie ein Offizier der amerikanischen Militärregierung. Die andere führt Victoria Adelheid von Sachsen-Coburg und Gotha, begleitet von Freiherr Schenk zu Schweinsberg, dem Direktor der Sammlungen.

Als die Gruppen aufeinandertreffen, redet die Herzogin sofort Tacheles. Sie fordert von dem Offizier, dass die Amerikaner zwei Eisenbahnzüge stellen, damit Kunstgegenstände und Möbel in ihre Coburger Residenz abtransportiert werden können.

Henselmann hält dagegen. Er weiß: Die Blaublütige ist im Unrecht. Die Kunstgegenstände sind seit 1928/34 kein Privateigentum mehr, sondern gehören einer Stiftung unter Aufsicht der Thüringer Landesregierung. Die Kunststiftung trägt zwar den Namen des Fürstenhauses, doch daraus leiten sich keine besitzrechtlichen Ansprüche der Familie ab. Davon will die Herzogin aber nichts wissen. *Sie erklärte mir darauf, dass diese Dinge seit Jahrhunderten im Besitz ihrer Familie seien und dass es doch schade sei, wenn sie nach Russland abtransportiert würden,* hält Henselmann in einer Aktennotiz fest. Das Papier kann noch immer eingesehen werden. Es befindet sich in einem abgegrif-

Einst in Gotha zu Hause, inzwischen in Nürnberg. Das um das Jahr 1030 entstandene Echternacher Evangeliar zeigt szenische Darstellungen zu Kindheit und Taufe Christi. Der Codex gilt als eines der wichtigsten Dokumente der Christenheit.

Anno 1945–2001 | Hoheit ließen verscherbeln

fenen, 141 Seiten dicken Aktenbündel im Hauptstaatsarchiv von Weimar.

Zumindest einen Teilerfolg kann der Kreisbaurat mit seinem Protest verbuchen. Der amerikanische Offizier weist das Ansinnen der Herzogin ab. Die kündigt daraufhin an, sich an die Generalität wenden zu wollen. In der Tat lenken die Amerikaner später ein und stellen der Adeligen Militär-Lkw zur Verfügung. Ob es sich um zwei oder vier Fahrzeuge handelt, geht aus zeitgenössischen Quellen nicht eindeutig hervor.

Fest steht aber: Museumsdirektor Schweinsberg begleitet die Fuhre. Einige Tage später wird er einräumen, *daß mit sicherem Griff diejenigen Gegenstände herausgefischt wurden, die nicht etwa einen sentimentalen Wert haben für die herzogliche Familie, sondern einen höchst realen Wert auf dem Kunstmarkt.*

Es war nicht der erste und auch nicht der letzte Transport, der von Thüringen gen Coburg ging. Bereits in den letzten Kriegsmonaten waren drei Ölskizzen von Rubens, ein Bild von Frans Hals sowie neun wertvolle Handschriften dem herzoglichen Schatzmeister übergeben worden. Auch hunderte Goldmünzen und Renaissance-Medaillen ließen Hoheit einpacken. Und als die Russen längst in Gotha residieren, ist es der vermeintliche Hüter des Museums, der die Bestände neuerlich plündert. In einem Rucksack schmuggelt Freiherr Schenk zu Schweinsberg das Echternacher Evangeliar gen Bayern. Es ist eine der berühmtesten Handschriften aller Zeiten. Auch das handliche Rembrandt-Porträt bringt er auf den Weg.

Doch sind die Kunstschätze in Coburg auch in Sicherheit? Zumindest die Sowjetische Militäradministration hat dort auf sie keinen Zugriff. Dafür halten sich die Russen vor allem an der in Gotha verbliebenen Bibliothek schadlos. Abertausende Bände werden konfisziert. Derweil schickt sich das herzogliche Haus an, einige der vermeintlich geretteten Schätze in klingende Münze zu verwandeln. Es wirft Handschriften und Bilder auf den Kunstmarkt. Es handelt sich dabei um Stücke, die Schweinsberg zuvor als *von entscheidender Bedeutung für das Museum* klassifiziert hat. *Ich halte sie für unentbehrlich.*

Ihren vorläufigen Höhepunkt erleben die Verkaufsverhandlungen zu Beginn des Jahres 1953. Jetzt ist es der Rembrandt, von dem sich die Adeligen trennen möchten. Mit den Bayeri-

Späte Heimkehr der Nummer 1

Mitnehmen – oder aber den anrückenden Russen überlassen? Als 1945 Herzogin Victoria Adelheid im Schloss Friedenstein hunderte Kunstwerke begutachtet, fällt ihr die Antwort im Falle des Gemäldes ›Philipp der Gute‹ wohl nicht allzu schwer.

Bereits in den 1930er Jahren war das Bild im Zuge einer deutschlandweiten Erhebung als national wertvolles Kunstdenkmal gelistet worden. Zudem trug das Porträt die mehr als nur symbolische Inventarnummer 1 des Schlossmuseums.

Mit welchem Transport ›Philipp der Gute‹ nach Coburg kam, verliert sich im Dunkel der Überlieferung. Fest steht: Spätestens im Februar 1946 untersuchte die sowjetische Militäradministration das Verschwinden von Gothaer Kunstgut.

Dass ›Philipp der Gute‹ im Jahre 2009 wieder ins Gothaer Schloss zurückkehren konnte, ist auch einem Zufall zu danken. Das Bildnis war inzwischen in den Besitz eines Pariser Sammlers gelangt. Dieser bot es dem Auktionshaus Christie's an, welches wiederum die jetzige Stiftung Schloss Friedenstein informierte.

Erworben wurde das Gemälde schließlich von der Ernst von Siemens Kunststiftung. ›Grundsätzlich geben wir keine Auskünfte zu Preisen‹, sagt Joachim Fischer, Geschäftsführer der Stiftung. Vermutlich sind rund 100.000 Euro geflossen.

Die Stiftung gab das Porträt als unbefristete Leihgabe nach Gotha.

Philipp der Gute war Herzog von Burgund. Er regierte im 15. Jahrhundert ein Reich, das aus Teilen der Niederlande und aus Regionen Frankreichs, Luxemburgs und Deutschlands bestand. Das Bild ist die Kopie eines Gemäldes von Rogier van der Weyden (ca. Mitte des 15. Jahrhunderts).

Klare Vorgabe und der Verstoß

Der Vorstand der Sachsen-Coburg und Gotha'schen Stiftung für Kunst und Wissenschaft hat am 4. Juli 1940 einstimmig und unter ausdrücklicher Zustimmung von Carl Eduard Herzog von Sachsen-Coburg und Gotha ... eine Änderung der Stiftungssatzung beschlossen ... Wird die Stiftung aufgehoben oder fallen die bisherigen Zwecke weg, so ist ihr Vermögen ... für gemeinnützige und mildtätige Zwecke zu verwenden.

Aus einem Beschluss des Oberlandesgerichts Jena vom 26. Juni 1940

Bitte ich eine Anzahlung von 25.000,– DM auf das Konto der Stiftung der Herzog von Sachsen-Coburg und Gotha'schen Familie bei der Bayerischen Staatsbank Coburg Nr. 212 ... zu leisten. Die weiteren Zahlungen bitte ich ebenfalls auf das gleiche Konto zu leisten.

Aus einem Brief der herzoglichen Hauptverwaltung zum Verkauf des Rembrandt-Selbstbildnisses an die Bayerische Staatsgemäldesammlung, datiert auf den 16. März 1953

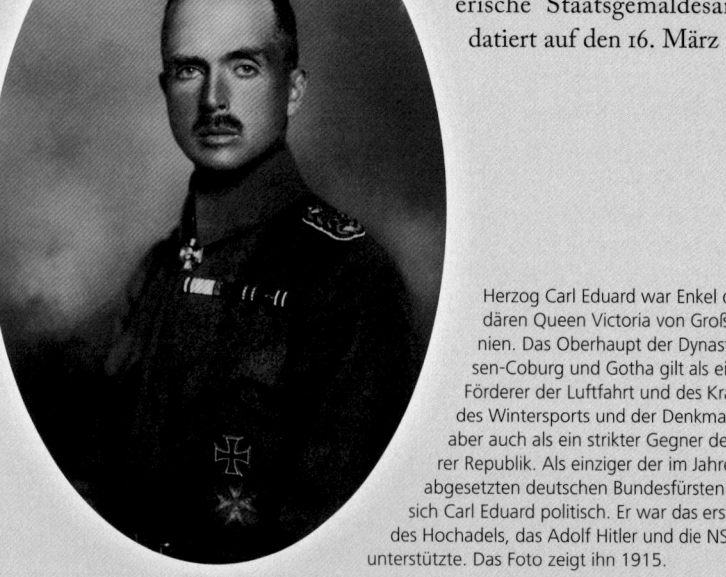

Herzog Carl Eduard war Enkel der legendären Queen Victoria von Großbritannien. Das Oberhaupt der Dynastie Sachsen-Coburg und Gotha gilt als ein früher Förderer der Luftfahrt und des Kraftverkehrs, des Wintersports und der Denkmalpflege – aber auch als ein strikter Gegner der Weimarer Republik. Als einziger der im Jahre 1918 abgesetzten deutschen Bundesfürsten engagierte sich Carl Eduard politisch. Er war das erste Mitglied des Hochadels, das Adolf Hitler und die NSDAP aktiv unterstützte. Das Foto zeigt ihn 1915.

schen Staatsgemäldesammlungen und einem Kölner Museum gibt es zwei Interessenten. Der Coburger Herzog signalisiert, *daß er das Bild unter 75.000,– DM nicht fortgeben möchte.* Die Bayern reagieren am schnellsten, lassen sich den Kauf eigens von ihrem Staatsministerium genehmigen und überweisen eine erste Rate über 25.000 Mark. Empfänger ist jedoch nicht, wie gemeinhin anzunehmen, die Kunststiftung als Besitzerin des Gemäldes. Auf Drängen des herzoglichen Verwalters wird auf das Familienkonto derer von Sachsen-Coburg und Gotha überwiesen. Kontonummer: 212 600 bei der Bayerischen Staatsbank. *Die weiteren Zahlungen bitte ich ebenfalls auf das gleiche Konto zu leisten,* schnarrt es aus Coburg.

Die Verhandlungen lassen sich bis ins Detail nachvollziehen. Allein 22 originale Schriftsätze enthält ein gelblicher Schutzumschlag, den die Staatsgemäldesammlungen in ihrem Münchener Depot verwahren. Das Brisante an diesen Briefen und Telegrammen: Sie verweisen unzweifelhaft eine Schutzbehauptung der Sachsen-Coburger ins Reich der Legenden. Es ist nicht die Kunststiftung, die als Verkäuferin auftritt, sondern die gleichnamige Familienstiftung. Der gehören aber weder der Rembrandt noch das Echternacher Evangeliar. Ebendieser Codex wechselt zwei Jahre später den Besitzer. Das Germanische Nationalmuseum Nürnberg kauft für unglaubliche 1,1 Millionen Mark.

Allein 600.000 Mark dieses Kaufpreises werden durch die öffentliche Hand zugeschossen. Das Bundesinnenministerium sowie das Königsteiner Abkommen – ein Gremium, in dem alle Bundesländer vertreten sind – springen generös ein. Auch Bundespräsident Theodor Heuss engagiert sich. Sie wollen allesamt verhindern, dass die über 900 Jahre alte Handschrift meistbietend nach Übersee verhökert wird.

Kehren die aus Gotha verschwundenen Kunstschätze jemals dauerhaft zurück? Die jetzigen Besitzer verneinen. Sie verweisen darauf, den Rembrandt oder auch das Evangeliar vor fünf Jahrzehnten rechtmäßig erworben zu haben. Rupert Schaab, der vormalige Chef der Gothaer Forschungsbibliothek, wertet den Erwerb dagegen ›als Gelegenheitskäufe aus der deutschen Teilung. Für die Gothaer bestand keine Chance, diesen Raub zu verhindern oder die angebotenen Stücke zu erwerben‹. Für Schaab

Entwendet von einem Unbekannten

Zwischen 1947 und 1949 verschwand eine mittelalterliche Bronzekanne in Löwengestalt aus dem Gothaer Schloss. Vermutlich war es ein Mitarbeiter, der sich bereichern wollte, sagt Martin Eberle, Direktor der Stiftung Friedenstein. Zwar hieß es, Stücke der Sammlung seien verkauft worden, um Geld für Baumaßnahmen zu beschaffen. Zumindest dies schließt die Stiftung nach Recherchen inzwischen aus. Deshalb, so Martin Eberle, sei das Stück auf jeden Fall unrechtmäßig in den Kunsthandel gelangt.

Zunächst wurde der Bronze-Löwe in Erfurt verkauft. 1952/53 tauchte er in einem Kölner Auktionshaus auf. 1959 gelangte das Gefäß dann in die Schweiz, wo es 1987 erneut versteigert wurde. Schließlich wurde die Kanne dem bayerischen Kunsthändler Florian Eitle-Böhler angeboten. Durch die vielen Eigentümerwechsel, so meint er, sei die Rechtmäßigkeit der Erwerbungen längst gegeben. Trotzdem war es für ihn eine Frage der Loyalität, den Löwen zuerst dem Gothaer Schloss zum Kauf anzubieten. Im Jahre 2008 kehrte das Gefäß zurück.

Die Kanne in Löwengestalt entstand um das Jahr 1300 in Sachsen oder Thüringen.

wäre eine Rückgabe deshalb die logische Konsequenz aus der Wiedervereinigung.

Tatsächlich macht sich aber nicht mal die Thüringer Politik für eine Heimkehr stark. Stattdessen verweist die Landesregierung auf eine sogenannte Gütliche Einigung mit der Kunst- sowie der Familienstiftung derer von Sachsen-Coburg-Gotha. Im Jahre 2001 haben die Blaublütigen darauf verzichtet, Restitutionsansprüche für ihren nach 1945 enteigneten Besitz in Thüringen geltend zu machen. In der Summe ging es um Kulturgüter im geschätzten Wert von 400 Millionen Mark sowie um Immobilien für 130 Millionen Mark. Teil des Handels war auch, dass sich Freistaat und Fürstenhaus gegenseitig Rechtssicherheit zubilligen. Eventuelles Unrecht aus den wirren Monaten vor und nach dem Ende des Weltkriegs wird also nicht weiter verfolgt.

Und so schaut der jugendliche Philipp wie eh und je in die Welt. Mit weit aufgerissenen Augen. Er ist kein Gothaer mehr, kein Coburger und auch kein Münchner. Sondern ein staunender Weltenbürger.

Bloesche treibt mit vorgehaltenem Gewehr jüdische Bewohner aus ihren Häusern. Das weltberühmte Foto gehörte bereits in den Nürnberger Prozessen zu den Beweisen.

Der Henker von Warschau

Die Maschinenpistole im Anschlag, einen Stahlhelm auf dem Kopf und vor ihm ein jüdischer Junge mit erhobenen Händen. Jenes weltberühmt gewordene Foto, das SS-Männer 1943 zur eigenen Erinnerung in Warschau schossen, führt direkt zu einem lange Jahre in Thüringen untergetauchten Massenmörder. 1969 wurde er verurteilt und hingerichtet: per Genickschuss.

Henker des Warschauer Ghettos. Überlebende überführen Kriegsverbrecher. Todesurteil.

Unter diesen und ähnlichen Überschriften berichten im April und Mai 1969 die Zeitungen der DDR über einen Prozess am Bezirksgericht Erfurt. Angeklagt ist ein Josef Bloesche. Er hatte bis dahin in Urbach (Unstrut-Hainich-Kreis) gelebt.

Während Untersuchungshaft und Prozess gestand der frühere SS-Rottenführer, in der Sowjetunion und in Polen an der massenhaften Ermordung von Zivilisten beteiligt gewesen zu sein. Einer der Zeugen, ein Überlebender des Warschauer Ghettos, erinnerte sich: ›Sobald die Menschen Bloesche bemerken, fliehen sie panikartig.‹ Selbst kleine Kinder habe er während seiner Streifengänge im Ghetto auf offener Straße hingemetzelt.

In der zeitgenössischen Berichterstattung von Bloesches Prozess spielte auch eine Rolle, dass ein Vorgesetzter des Kriegsverbrechers im Westen Deutschlands leben würde. Gänzlich unerwähnt blieb indes, dass das Erfurter Strafverfahren überhaupt erst auf Initiative einer Strafverfolgungsbehörde aus der damaligen BRD zustande gekommen war.

Bereits zu Beginn der 1960er Jahre hatte die Hamburger Staatsanwaltschaft gegen den NS-Verbrecher ermittelt. Schließlich erging im Mai 1965 seitens des Amtsgerichts Hamburg ein Haftbefehl gegen Josef Bloesche. Noch sollte es aber ein knappes Jahr dauern, ehe westdeutsche Behörden ein Rechtshilfeersuchen an die ostdeutsche Generalstaatsanwaltschaft übermittelten. Wenig später landete der Vorgang bei der Staatssicherheit. Ein weiteres halbes Jahr darauf, im Januar 1967, wurde Bloesche verhaftet.

Bloesche hatte sich den bezeichnenden Beinamen Henker von Warschau erworben.

Die Zahl seiner Opfer konnte zwar nie exakt ermittelt werden. Das lag aber auch daran, dass Bloesche während Streifendiensten im Ghetto häufig wahllos jüdische Bewohner erschossen hatte. Diese Morde ließen sich Jahrzehnte später quantitativ nicht mehr nachvollziehen. Dafür aber gestand Josef Bloesche die Beteiligung an Massenerschießungen. Unter anderem schilderte er, wie er und weitere SS-Leute stundenlang hunderte Juden ›abknallten‹. Diese mussten eigens in Fünferreihen antreten.

Der Historiker Sascha Münzel hat im Jahre 2009 ein Charakterbild des 1912 im Sudetengebiet geborenen Bloesche entworfen. Wie viele andere Sicherheitspolizisten habe er sich nicht durch einen vordergründigen Antisemitismus ausgezeichnet. Vielmehr habe ein dumpfes Klima von Brutalität und Gewalt, Gruppen- und Enthemmungsdynamik aus dem Durchschnittsmann einen Massenmörder gemacht. Bloesche genoss es, so resümiert Münzel, Macht über Leben und Tod zu haben.

1945 geriet Bloesche in Gefangenschaft. Bereits ein Jahr später wurde sein Gesicht bei einem Arbeitsunfall nahezu bis zur Unkenntlichkeit entstellt. Wenig später kam er frei und zog nach Thüringen. Als vermeintlich unbescholtener Bürger arbeitete er in hiesigen Kali-Werken und half in einem Lokal aus.

Am 30. April 1969 verurteilte ihn das Erfurter Bezirksgericht zum Tode. Drei Monate später wurde das Urteil vollstreckt.

Bloesche starb, wie viele seiner Opfer. Per Genickschuss.

Cranach.
Der Kunstraub

Die Diebe waren durch eines der vergitterten Fenster der Galerie eingedrungen. Das Foto entstand dort am Tag des Raubes, also am 12. Oktober 1992.

Lucas Cranach ist einer der Großen. In Weimar starb er, hier befindet sich sein Grab. Die Cranach-Galerie im Stadtschloss war 1992 das Ziel eines spektakulären Überfalls. Bilder im damaligen Wert von 63 Millionen Mark verschwanden.

›Suchen Sie nicht weiter. Hier oben ist die Schlange!‹

Die Hand des Herrn weist freundlich-routiniert auf einen Fensterbogen am Weimarer Markt. Tatsächlich, dort, inmitten üppiger Renaissance-Ornamente, prangt das Familienwappen der Cranachs, eine geflügelte Schlange.

Tag für Tag bestaunen Touristen das zum Weltkulturerbe gehörende Gebäude, studieren die prächtige Fassade wie ein Bilderbuch. In dem Haus hatte der Maler 1552/53 das letzte Jahr seines Lebens verbracht. Inzwischen haben hier eine Tanzschule und ein Theater ihr Domizil gefunden. Es steht zumeist Klassisches auf dem Spielplan. Keine Krimis also.

Dabei böte sich ein Lucas-Cranach-Krimi für die Kleinkunstbühne im Cranach-Haus geradezu an. Immerhin hatte sich nur wenige Schritte entfernt einer der spektakulärsten deutschen Kunstdiebstähle ereignet. Am 12. Oktober 1992 wurden aus dem Stadtschloss acht Cranach-Gemälde gestohlen. Damaliger Schätzwert: 63 Millionen Mark. Irritierenderweise war keines der Bilder versichert. Der dafür notwendige Betrag war, so heißt es, zu hoch für Weimar.

Von jenem Moment an, als um 4.03 Uhr die Alarmanlage anschlug, sollten genau 22 Tage bis zur Rückkehr der Bilder vergehen. Spezialfahnder der Polizei stellten sie auf dem Parkplatz eines niedersächsischen Baumarkts sicher.

Unmittelbar nach der Tat zeigten sich die Mitarbeiter der Klassik-Stiftung entsetzt. Sie hatten bislang gemeint, über eine

Das Weimarer Stadtschloss ist Teil des Weltkulturerbes und Schauplatz eines spektakulären Kunstraubes. Im Schloss gibt es eine eigens ausgewiesene Cranach-Galerie.

Anno 1992 | Cranach. Der Kunstraub

moderne, ausreichende Alarmanlage zu verfügen. Die Anlage war erst kurz zuvor installiert worden, nachdem Unbekannte in einer Kirche des Unstrut-Hainich-Kreises zwei Gemälde von Cranach d.J. geraubt hatten.

Die Diebe hatten ein vergittertes Eisenfenster des Weimarer Stadtschlosses aufgesägt und ausgehebelt. Von hier aus drangen sie in die Galerie vor und stahlen die Bilder samt Rahmen. Als die Polizei mit drei Streifenwagen um 4.16 Uhr eintraf, waren die Räuber bereits über alle Berge.

Bis heute ist die Identität der Weimarer Diebe nicht zweifelsfrei geklärt. Als der Fall 1993 vor dem Erfurter Landgericht verhandelt wurde, waren deshalb lediglich die vier vermeintlichen Hehler angeklagt. Sie wurden zu Haftstrafen verurteilt. Drei der Angeklagten nahmen das Urteil noch im Gerichtssaal an. Der vierte Hehler legte Revision beim Bundesgerichtshof ein. Den Ausgang des erstinstanzlichen Prozesses bezeichnete der Vorsitzende Richter dennoch als unbefriedigend. Zu viel sei im Dunkeln geblieben.

Auffallend viele Angehörige der Angeklagten verfolgten das Verfahren vor dem Erfurter Landgericht. Die Gerichtsreporterin der Thüringer Allgemeine schrieb daraufhin: ›Mit Kind und Kegel kamen die Familien der Angeklagten zum Prozess. Vorm

Eine Million als Belohnung

Unmittelbar nach dem Kunstraub wurden 100.000 Mark als Belohnung ausgesetzt. Wenige Tage später stockten Bund und Land die Summe auf eine Million auf. Aus Ermittlerkreisen hieß es zur Begründung, dass die Belohnung im Vergleich zum Wert der Gemälde (63 Millionen) eine angemessene Höhe haben müsse. Nach der Wiederentdeckung der Cranach-Gemälde wurde zunächst gestritten, ob die Belohnung überhaupt ausgezahlt werden soll. Selbst der damalige Innenminister Thüringens stellte die Fälligkeit in Frage. Landespolitiker forderten unter anderem, das Geld lieber in Sicherungstechnik von Museen zu investieren.

Die Summe wurde dann aber doch ausgezahlt – an einen Informanten der Polizei.

Gericht parkten Nobelkarossen, im Verhandlungssaal waren teure Designer-Garderoben und viel Goldschmuck zu bewundern.‹

Um die Gemälde war es nach dem Kunstraub weit weniger glänzend bestellt. Die auf Holztafeln gemalten Bilder waren teils tief zerkratzt. Mitunter löste sich sogar die Malschicht vom Untergrund. Die Diebe und Hehler hatten die Kunstwerke offenbar übereinander gestapelt transportiert.

Auch die von Lucas Cranach gemalten Porträts des Junker Jörg (Martin Luther) und der Sibylle von Cleve gehörten zu den geraubten Gemälden.

Die Cranachs wurden daraufhin zwar restauriert. Dennoch wirkt sich auch diese besondere Erfahrung in Folge des Kunstraubes bis heute auf die Ausstellungspolitik der Weimarer aus. Die Klassik-Stiftung gibt keinen ihrer Cranachs mehr als Leihgabe außer Haus. Die Gemälde sind zu empfindlich. Jeder Transport wäre riskant.

Zumindest für Besucher des Schlosses bedeutet dies eine gewisse Verlässlichkeit. Die weithin gerühmte Cranach-Galerie zeigt fortwährend jene Gemälde, für die sie berühmt ist.

Es sei denn, es naht irgendwann wieder ein schwarzer Tag. Ein Tag, an dem die Alarmanlage auslöst. Ein Alarm, den der Wachmann zwar bemerkt, aber nicht für voll nimmt – und so letztlich dazu beiträgt, dass ein dreister Raub gelingt.

Dienstausweis Nr. 1393

In dem 2009/11 geführten Prozess gegen den ehemaligen KZ-Aufseher John Demjanjuk galt ein Dienstausweis als zentrales Beweisstück. Er wurde auf einer in Erfurt produzierten Schreibmaschine ausgestellt.

Größe: 175 cm. Gesichtsform: oval. Haarfarbe: dklblond. Besondere Merkmale: Narbe auf dem Rücken. Vor- und Vatersname: Iwan/ Nikolai.

Es sind nur jeweils wenige Anschläge, mit denen die Rubriken in dem SS-Dienstausweis ausgefüllt sind. Dennoch ist sich Anton Dallmayer, Urkundenexperte des Bayerischen Landeskriminalamts, sicher, dass dieses Dokument auf einer Olympia Typ 12 ausgestellt worden ist. Auf einer Maschine also, die nach 1930 in Erfurt hergestellt wurde.

Der international geschützte Markenname Olympia ist untrennbar mit der heutigen Landeshauptstadt Thüringens verbunden. Die damalige Europa Schreibmaschinen AG war einer der weltweit führenden Produzenten. 1936 nahm das Unternehmen den Namen seines bestverkauften Produktes an. Es nannte sich fortan Olympia Büromaschinenwerk AG.

Dass in Erfurt hergestellte Maschinen in Behörden des NS-Staates ebenso eingesetzt wurden wie bei der Wehrmacht oder der SS, war seinerzeit selbstverständlich. Eigens für den Einsatz beim Militär wurde eine robuste Schreibmaschine entwickelt – inklusive wasserdichtem Koffer.

In dem am Münchner Landgericht geführten Prozess gegen John Demjanjuk gehörte der Dienstausweis mit der Nummer 1393 zu den wichtigsten Beweisstücken. Er weist den Angeklagten als einen nach Sobibor abkommandierten Hilfsfreiwilligen aus. Dem 89-Jährigen wurde Beihilfe zum Mord an rund 28.000 Juden in dem polnischen Vernichtungslager vorgeworfen. Er soll dort zu den aus ukrainischen Freiwilligen rekrutierten Mannschaften gehört haben. Ihm wird unter anderem vorgehalten, Juden in die Gaskammern getrieben zu haben.

John Demjanjuk bestritt indes, überhaupt in Sobibor gewesen zu sein. Sein Anwalt bezweifelt zudem die Echtheit des SS-Ausweises. Es handelt sich seiner Auffassung nach wahrscheinlich um eine vom sowjetischen Geheimdienst hergestellte Fälschung.

Wehrmacht und SS setzten Schreibmaschinen aus Erfurt ein. Das Foto zeigt eine von den Olympia-Werken eigens für Kriegseinsätze entwickelte Kleinschreibmaschine. Das Stück gehört inzwischen zum Bestand des Erfurter Stadtmuseums.

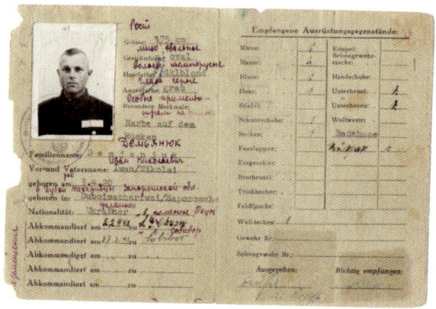

Der Dienstausweis des mutmaßlichen Kriegsverbrechers. Ausgestellt wurde er auf einer Erfurter Olympia.

Das Dokument ist übrigens nicht auf den Namen John ausgestellt, sondern auf Iwan. Der Ukrainer hatte den westlichen Vornamen erst nach dem Krieg angenommen.

Auch das Erfurter Büromaschinenwerk wechselte seinen Namen wenige Jahre nach Kriegsende. Unmittelbar zuvor war ein Rechtsstreit um die Markenrechte vor dem Internationalen Gerichtshof in Den Haag verloren gegangen. Aus der Olympia AG wurde daraufhin das Optima-Werk.

Demjanjuk wurde im Mai 2011 in erster Instanz zu fünf Jahren Haft verurteilt. Zugleich kam er aber auf freien Fuß, weil das Gericht unter anderem wegen des hohen Alters (91) den Haftbefehl außer Vollzug setzte.

Quellen

Gemeuchelte Könige
- Günter Behm-Blancke: Gesellschaft und Kunst der Germanen. Die Thüringer und ihre Welt. Dresden 1973
- Gregor von Tours: Historiarum libri Decem. Zehn Bücher Geschichten. Darmstadt 1955/56
- Harald Meller, Juraj Liptak: Schönheit, Macht und Tod. Halle 2001
- Gudrun Noll, Hardy Eidam: Radegunde. Erfurt 2006
- Helmut Castritius, Dieter Geuenich, Matthias Werner: Die Frühzeit der Thüringer. Berlin 2009
- Ursula Braasch-Schwersmann, Axel Halle: Wigand Gerstenberg von Frankenberg 1457–1522. Die Bilder aus seinen Chroniken Thüringen und Hessen. Marburg 2007
- Sigrid Dušek: Ur- und Frühgeschichte Thüringens. Stuttgart 1999

Lustmord im Siechenhaus
- Schutzbrief des Papstes Innocentius IV. für den magister und die fratres am domus leprosorum zu Erfurt. 23. Mai 1247. Stadtarchiv Erfurt
- Spitalordnung des Rates der Stadt Erfurt. 1389. Stadtarchiv Erfurt
- Johann Friedrich von Falckenstein: Civitas Erffurtensis Historia Critica et Diplomatica. Erfurt 1739
- Jürgen Kiefer: Mittelalterliche Leprosorien im Gebiet des heutigen Thüringen. Sonderschriften der Akademie gemeinnütziger Wissenschaften zu Erfurt 32, Seuchen gestern und heute. Erfurt 1998
- Urkundenbuch der Stadt Erfurt erster Theil. Halle 1889
- Frank Störzner: Aus Stein gehauen. Erfurt 1992
- Jahrbuch für Erfurter Geschichte. Band 2. Erfurt 2007
- Horst Rudolf Abe: Zur Geschichte der Lepra in Erfurt. In: Dermatologische Monatsschrift 176. Leipzig 1990
- W. J. A. Freiherr von Tettau: Beiträge zu einer vergleichenden Topographie und Statistik von Erfurt. In: Mitteilungen des Vereins für die Geschichte und Altertumskunde von Erfurt. Heft 12. Erfurt 1880/81
- Ursula Braasch-Schwersmann, Axel Halle: Wigand Gerstenberg …

Der Prinzenraub
- Joachim Emig: Der Altenburger Prinzenraub 1455. Strukturen und Mentalitäten eines spätmittelalterlichen Konfliktes. Markkleeberg 2007

Raubritter im Bettkasten
- Wolfgang Steguweit: Geschichte der Münzstätte Gotha vom 12. bis zum 19. Jahrhundert. Weimar 1987

- Friedrich Ortloff: Geschichte der Grumbachschen Händel. Jena 1868/70
- Klaus Graf: Das leckt die Kuh nicht ab. In: Kriminalitätsgeschichte. Beiträge zur Sozial- und Kulturgeschichte der Vormoderne. Konstanz 2000

Dämonischer Taumel

- Heinrich Kramer (Institoris): Malleus Maleficarum. 1487. Neudruck: München 2000
- Friedrich von Spee: Cautio Criminalis. 1631. Neudruck: München 2000
- Wolfgang Behringer: Hexen und Hexenprozesse in Deutschland. München 2000
- Peinliche Gerichtsordnung Kaiser Karl's V., sämtlich nach den ältesten Drucken. Heidelberg 1842
- Reinhold Stade: Barbara Elisabeth Schulzin. Ein Arnstädter Hexenprozeß. Arnstadt 1904
- Johann Christoph Olearius: Historia Arnstadiensis. Arnstadt 1701

Die Satansjünger

- Georg Erler: Die jüngere Matrikel der Universität Leipzig 1559–1809. Leipzig 1909
- Reinhold Jauernig: Die Matrikel der Universität Jena 1652–1723. Weimar 1964
- Deß Durchlauchtigen Fürsten und Herrn Johann Georgens, Hertzogs zu Sachsen, Jülich, Cleve und Berg ... Duell-Mandat Und Verordnung, Wornach alle und jede auf Seiner Fürstl. Durchl. gesammten Universität Jena befindliche Studiosi und sonst männiglich daselbst sich gehorsamst zu achten. Eisenach 1694
- Criminal-Acten vom Amt Jena (II) ab 1714. Universitätsarchiv Jena
- Richard und Robert Keil: Geschichte des jenaischen Studentenlebens von der Gründung der Universität bis zur Gegenwart. Leipzig 1858
- Derer drey Hohen Facultäten zu Leipzig Bedencken und respective Urthel, welche uber den zu Jena in der heiligen Christnacht anno 1715 passirten traurigen Casum mit denen sogenannten Teuffels-Bannern, auf Begehren derer hoch-frstl. Eisenachischen Hrn. Commissarien den 6. Mart. 1716 ausgefertiget worden. Leipzig 1716
- Friedrich Hoffmann: Eines berühmten Medici Grundliches Bedencken Und Physicalische Anmerckungen Von dem tödlichen Dampff der Holtz-Kohlen: Auf Veranlassung der in Jena beym Ausgang des 1715. Jahres vorgefallenen traurigen Begebenheit aufgesetzet. Halle 1716
- Wahre Eröffnung der Jenaischen Christnachts-Tragödie, Oder Gründlicher und Actenmäßiger Bericht, Von der Begebenheit, Welche in einem, der Stadt Jena nahangelegenen Weinbergs-Hugen Im Jahr 1715. in der Christnacht Und die folgende Nacht hierauf sich zugetragen: Auf hohen Landes-Frstl. Special-Befehl publiciret. Jena 1716
- Vorläuffige kurtze Doch zuverläßige Nachricht Von denen in Citirung der Geister begriffen gewesenen Schatz-Gräbern in Schneeberg. Leipzig 1716
- Eisenacher Archiv Polizeisachen. Generalia und Spezialia. Bestand des Thüringischen Hauptstaatsarchivs Weimar
- Eisenacher Archiv Rechtspflege. Bestand des Thüringischen Hauptstaatsarchivs Weimar

- Polizeisachen Weimarer Archiv. Bestand des Thüringischen Hauptstaatsarchivs Weimar

Das Phantom der Rhön
- Verzeichnis der sämmtlichen beim gemeinschaftlichen Hofgerichte zu Jena vom Jahre 1566 bis 1817 ergangenen Akten. Thüringisches Hauptstaatsarchiv Weimar
- Schöppenstuhl Jena. Schriftwechsel und Sprüche 1780. Aktensammlung. Thüringisches Hauptstaatsarchiv Weimar
- Mandat des Herzogs Franz Josias zu Sachsen-Coburg-Saalfeld in Vormundschaft von Herzog Ernst August II. Constantin von Sachsen Weimar und Eisenach gegen Zigeuner, Streuner, Gesindel und Bettler vom 7. Juni 1754. Thüringisches Hauptstaatsarchiv Weimar
- Vereinbarungen mit Kursachsen, Sachsen-Gotha, Sachsen Altenburg und Schwarzburg-Rudolstadt über die Verfolgung von Räubern und Dieben über die Landesgrenzen vom 4. September 1754. Thüringisches Hauptstaatsarchiv Weimar
- Ferdinand von Göckel: Sammlung Großherzoglich Sachsen Weimar-Eisenachischer Gesetze, Verordnungen und Circularbefehle in chronologischer Ordnung. Erster Theil. Eisenach 1828
- Paul Lehfeldt und Georg Voss: Bau- und Kunstdenkmäler Thüringens. Heft 37 und Heft 39. Jena 1911 und 1915
- Goethe: Briefe, Tagebücher, Gespräche. Digitale Bibliothek Band 10
- Kirchenbuch Weilar 1653–1757. Pfarramt Friedelshausen
- Dietrich Lemke: Mord und Totschlag in der Rhön. Erfurt 2007
- Peinliche Gerichtsordnung Kaiser Karl's V., sämtlich nach den ältesten Drucken. Heidelberg 1842

Das Gewebe der Bosheit
- Friedrich Schiller: Merkwürdige Rechtsfälle als ein Beitrag zur Geschichte der Menschheit. Jena 1792/93
- Friedrich Schiller. Werke und Briefe. Band 7. Frankfurt 2002
- Schillers Werke. Nationalausgabe. Band 12, 26, 34/1, 34/2, 41/1. Weimar 1982/2003
- Schillers sämtliche Werke. Band 13. Stuttgart 1894
- Wiederholte Spiegelungen. München 1999

Vagabunden in Napoleons Domäne
- Erfurtisches Intelligenz-Blatt. Jahrgang 1812. Stadtarchiv Erfurt
- Constantin Beyer: Neue Chronik von Erfurt. Erfurt 1815
- Marina und Horst Moritz: Das Fürstentum Erfurt und die Herrschaft des Großen Kaisers. Leben und Sterben in bewegter Zeit. Erfurt 2008

Mörder aus Vaterlandsliebe
- Wartburger Stammbuch vom 5ten Januar 1819 bis 22sten July 1821. Archiv der Wartburg-Stiftung
- Hans von der Gabelentz: Erinnerungen an Carl Ludwig Sand in Wartburg-Stammbüchern. In: Das Thüringer Fähnlein 7. Jena 1938
- Thomas Pester: Zwischen Nation und Burschenschaftsbrauch. Jena 2009
- Günther Heydemann: Carl Ludwig Sand. Die Tat als Attentat. Hof 1985
- Goethe: Briefe, Tagebücher, Gespräche. Digitale Bibliothek Band 10
- Acten-Auszüge aus dem Untersuchungs-Proceß über Carl Ludwig Sand. In: Authentischer Bericht über die Ermordung des Kaiserlich-Russischen Staatsraths Herrn August von Kotzebue. Heidelberg 2005
- Ludwig Bechstein: Zweihundert deutsche Männer. Leipzig 1854

Läßliche Criminalisten
- Kirchenbuchregister der Kirchgemeinde Hayn 1659–1847. Pfarrarchiv Eichelborn
- Kirchenbuch von Hayn 1750–1832. Gemeinde-Archiv Klettbach
- Chronik des Dorfes Hayn. Handschriftlich. Gemeinde-Archiv Klettbach
- Goethes Werke. Herausgegeben im Auftrag der Großherzogin Sophie von Sachsen. Goethes Tagebücher. Bd. 1–15. Weimar 1887/1919
- Goethe: Briefe, Tagebücher, Gespräche. Digitale Bibliothek Band 10
- Woldemar von Biedermann: Goethes Gespräche. Leipzig 1909/11
- Weimarisches Wochenblatt. Jahrgang 1830. Stadtarchiv Weimar
- Neue Erfurter Zeitung. Jahrgang 1830. Stadtarchiv Erfurt
- Erfurter Adreß-Blatt. Jahrgang 1830. Stadtarchiv Erfurt
- Amtsblatt der königlichen Regierung zu Erfurt. Jahrgang 1830. Stadtarchiv Erfurt
- Marina Moritz und Andreas Seim: Erfahren Verändern Beharren. Dorfleben im 19. Jahrhundert. Erfurt 2001

Ich bin ein Schlemihl
- Acta des Magistrath zu Heiligenstadt 1859/60 Aktenzeichen XXIX, 28. Stadtarchiv Heiligenstadt
- Gerhard Jaritz: Der Bürgermeister der Stormzeit in Heiligenstadt. In: Stormblätter, 7. Jahrgang. Heiligenstadt 2001
- Gertrud Storm: Theodor Storm Briefe an seine Frau. Berlin 1915
- Gertrud Storm: Theodor Storms Briefe in die Heimat. Berlin 1907
- Heiner Mückenberger: Theodor Storm – Dichter und Richter. Baden-Baden 2001

Der Zwitter-Mörder
- Der wegen Mordes zum Tode verurteilte Handarbeiter Karl (Karoline) Hopf aus Schwarzwald, 1911. Akte des Thüringer Staatsarchiv Gotha. Staatsministerium Abteilung Gotha
- Thüringer Waldbote. Jahrgänge 1910 und 1911

- Eisenacher Zeitung. Jahrgänge 1910 und 1911

Das Duell am Uhufelsen
- Untersuchungs-Sachen wider den Unterprimaner Rudolf Ditzen. Schwarzburgische Staatsanwaltschaft beim Landgericht Rudolstadt. Thüringisches Staatsarchiv Rudolstadt
- Daniel Börner: Wenn Ihr überhaupt nur ahntet, was ich für einen Lebenshunger habe! Jena 2010
- Rudolstädter Zeitung. Tageblatt und Generalanzeiger für das Fürstentum Schwarzburg-Rudolstadt und den Remdaer Kreis. Jahrgang 1911
- Hans Fallada: Wer einmal aus dem Blechnapf frißt. Berlin 1946

Hochstapler auf der Titanic
- Max Dittmar: Ein Menschenalter auf dem Meere. Berlin und Leipzig 1926
- Erfurter Allgemeiner Anzeiger. Jahrgang 1912
- Registerblätter des Einwohneramtes der Stadt Erfurt. Stadtarchiv Erfurt
- Adressbücher der Stadt Erfurt, hgg. vom Einwohnermeldeamt. Jahrgänge 1912 bis 1930. Stadtarchiv Erfurt
- Verzeichnis der handelsgerichtlich eingetragenen Firmen der Stadt Erfurt 1922/23. Stadtarchiv Erfurt
- Harro Hess, Manfred Hessel: Titanic. Berlin 1989
- Josef Pelz von Felinau: Titanic. Die Tragödie eines Ozeanriesen. Frankfurt 1986
- Susanne Störmer: Die Tragödie des Josef Pelz von Felinau. Manuskriptfassung von 2002

Das Verbrecheralbum
- Verbrecheralbum der Eisenacher Polizei. Privatsammlung von Volker Heim, zum Zeitpunkt der Drucklegung dieses Buches ausgestellt in der Polizei-Inspektion Eisenach
- Andreas Roth: Kriminalitätsbekämpfung in deutschen Großstädten 1850–1914. Berlin 1997
- Meyers Großes Konversations-Lexikon, Band 20. Leipzig 1909
- Michel Frizot, Serge July, Christian Phéline, Jean Sagne: Identités de Disderi au photomaton. Paris 1985
- Eisenacher Zeitung. Jahrgang 1925

Hoheit ließen verscherbeln
- Akten zur Veräußerung von Rembrandts Selbstbildnis. Archiv der Bayerischen Staatsgemäldesammlungen
- Akten des Thüringischen Ministeriums für Volksbildung und Justiz über die Herzog von Sachsen-Coburg und Gotha'sche Stiftung für Kunst und Wissenschaft 1928–1945. Thüringisches Hauptstaatsarchiv Weimar
- Akten zur Anstalt für Kunst und Wissenschaft – Dr. Schenk zu Schweinsberg. Stadtarchiv Gotha

- Personalakte des Eberhard Schenk zu Schweinsberg. Thüringisches Hauptstaatsarchiv Weimar
- Heinz Wiegand: Zur Geschichte der Herzog von Sachsen-Coburg und Gotha'schen Stiftung für Kunst und Wissenschaft. Gotha 1994. Thüringisches Staatsarchiv Gotha
- Einwilligung des Landtags zur Investiven Gütlichen Einigung zwischen dem Freistaat Thüringen und der Herzog von Sachsen Coburg und Gotha'schen Stiftung für Kunst und Wissenschaft sowie der Stiftung der Herzog von Sachsen Coburg und Gotha'schen Familie. Parlamentsdatenbank, Drucksache 3/1466
- Sitzungsprotokoll der Sitzung des Thüringer Landtags vom 18. Mai 2001
- Elisabeth Rücker: Die Erwerbung des goldenen Evangelienbuchs von Echternach für das Germanische Nationalmuseum Nürnberg. In: Das Goldene Evangelienbuch von Echternach. Frankfurt 1982
- Cornelia Hopf, Kathrin Paasch, Rupert Schaab: Fürstliche Bücherlust. Kostbarkeiten der Forschungsbibliothek Gotha. Erfurt 2004
- Anke Dörrzapf: Hoheit ließen einpacken. Art 7/2003
- Der Friedenstein. Monatsblätter des Rates des Kreises, Abteilung Kultur, und des Deutschen Kulturbundes, Kreisleitung Gotha. Jahrgang 1962
- Verleihung der Ehrenbürgerschaft an Prinz Andreas von Sachsen-Coburg und Gotha 2002. Laudatio des Staatssekretärs Jürgen Aretz und Dankesrede von Prinz Andreas. Stadtarchiv Gotha

Der Henker von Warschau
- Das Volk. Jahrgang 1969
- Sascha Münzel: Strafsache Josef Blösche Der Henker des Warschauer Ghettos vor dem Bezirksgericht Erfurt 1969. In: Mitteilungen des Vereins für die Geschichte und Altertumskunde von Erfurt. Heft 70. Jena

Cranach. Der Kunstraub
- Thüringer Allgemeine. Jahrgänge 1992/93

Dienstausweis Nr. 1393
- Paul R. Matia: Defendant's Service as an Armed Guard of Prisoners for the Nazi Government of Germany. Bulletin Vol. 44 Nr. 06 des US-Justizministeriums
- Eberhard Lippmann: Büromaschinen aus Erfurt. Erfurt 2010

Bildnachweis

S. 8	Die Ermordung des thüringischen Prinzen. Fenster in der Kirche der heiligen Radegunde von Poitiers. Foto: Musées de Poitiers/Christian Vignaud
S. 9–12	Archäologische Funde aus der Zeit des Thüringer Königreichs. Fotos: Jens König, Sascha Fromm, Roland Obst
S. 14	Die Herrscher des Thüringer Königreichs. Landeschronik des Wigand Gerstenberg (Signatur: 4° Ms. Hass.115/fol. M). Universitätsbibliothek Kassel, Landesbibliothek und Murhardsche Bibliothek
S. 15 o.	Thüringischer Spangenhelm (6.Jh.). Foto: Landesamt für Denkmalpflege und Archäologie Sachsen-Anhalt/Juraj Liptak
S. 15 u.	Spangenhelm-Nachbildung. Foto: Roland Obst
S. 16–17	Älteste bekannte Stadtansicht von Erfurt: Hartmann Schedel, Weltchronik 1493, Blatt CLVv–CLVIr
S. 19	Schutzbrief von Papst Innocenz IV. für ein Erfurter Leprosenhaus 1247. Stadtarchiv Erfurt. Foto: Mirko Krüger
S. 20	St. Thomas in Erfurt vor 1900. Anonyme Zeichnung. Stadtarchiv Erfurt
S. 21	Elisabeth von Thüringen pflegt einen Kranken. Wandbild auf der Wartburg. Foto: Marco Schmidt
S. 23	Szenenfoto (Hofdamen) aus dem Musical »Der Graf von Gleichen« (2007). Foto: Alexander Volkmann
S. 25	Bau eines Erfurter Torturms. Landeschronik des Wigand Gerstenberg (Signatur: 4° Ms. Hass.115). Universitätsbibliothek Kassel, Landesbibliothek und Murhardsche Bibliothek der Stadt Kassel
S. 26	Der Hausmannsturm des Altenburger Schlosses. Foto: Marco Kneise
S. 29	Der sächsische Prinzenraub. Gemälde von Gustav Goldberg (19.Jh.). Altenburger Schlossmuseum. Foto: Marco Kneise
S. 30	Kurfürst Friedrich und seine Familie. Anonyme Zeichnungen aus dem 17. und 18. Jahrhundert. Altenburger Schlossmuseum. Foto: Marco Kneise
S. 31	Beteiligte an der Prinzenentführung. Bildtafel im Altenburger Schloss
S. 32	Garleiter aus der Altenburger Rüstkammer. Foto: Marco Kneise
S. 33	Hinrichtung des Kunz von Kaufungen. Anonymes Gemälde aus dem 18. Jahrhundert. Schlossmuseum Altenburg
S. 34	Hinrichtung des Wilhelm Grumbach. Zeitgenössische Zeichnung. Foto: Roland Obst
S. 34–35	Gedenkstein an die Hinrichtung von Wilhelm Grumbach auf dem Marktplatz in Gotha. Foto: Roland Obst
S. 36	Herzog Johann Friedrich von Gotha. Stiftung Schloss Friedenstein
S. 37	Wilhelm von Grumbach. Stiftung Schloss Friedenstein

S. 38	Belagerung der Stadt Gotha 1566/67. Anonymes Gemälde aus dem 16. Jahrhundert. Stiftung Schloss Friedenstein
S. 41	Die Uhr am Gothaer Rathaus. Foto: Roland Obst
S. 42	Privatmünze Herzog Johann Friedrichs von Gotha 1567. Sammlung Stiftung Schloss Friedenstein. Foto: Roland Obst
S. 43	Luntenschlossgewehr aus dem 16. Jahrhundert. Sammlung Stiftung Schloss Friedenstein. Foto: Roland Obst
S. 44–45	Hexenverbrennung. Holzschnitt um 1525. TA-Archiv
S. 47	Turm des Schlosses Neideck. Foto: Hans-Peter Stadermann
S. 50–51	Ansicht von Arnstadt. Stich von Caspar Merian 1650. Schlossmuseum Arnstadt
S. 53	Die Buhlschaft mit dem Teufel. Anonymer Holzschnitt. TA-Archiv
S. 54	Die Geisterbeschwörung. Anonyme Zeichnung von 1716. Stiftung Weimarer Klassik
S. 56–57	Die Bestattung der Geisterbeschwörer. Anonyme Zeichnungen von 1716. Stiftung Weimarer Klassik
S. 61	Mahnmal für die Opfer des Ersten Weltkriegs in Jena. Foto: Mirko Krüger
S. 62	Zellenwand im Männerverlies des Kaltennordheimer Schlosses. Foto: Mirko Krüger
S. 65	Das Torhaus des Kaltennordheimer Schlosses und das Fenster des Männerverlieses. Fotos: Mirko Krüger
S. 67	Kirchenbuch von Weilar, Taufeintrag des Johann Heinrich Valentin Paul vom 5. Februar 1736. Foto: Mirko Krüger
S. 68	Steinschlosspistole aus dem 18. Jahrhundert. Erfurter Stadtmuseum. Foto: Wolfgang Kiesel
S. 69	Pauluskasten. Heimatmuseum Dermbach. Foto: Mirko Krüger
S. 70	Friedrich Schiller. Denkmal (Ausschnitt) in Weimar von Ernst Rietschel (1857). Foto: Marco Kneise
S. 73	Erstausgabe der »Merkwürdigen Rechtsfälle« von Friedrich Schiller. Klassik Stiftung Weimar. Foto: Roland Obst
S. 76–77	Nachstellung der Schlacht von Jena (1806) 2006. Foto: Alexander Volkmann
S. 81	Zitadelle auf dem Petersberg, Erfurt. Foto: Marco Schmidt
S. 82	Bildnis eines Burschenschafters vor der Jenaer Universität, 1883. Foto: Marco Schmidt
S. 84	Carl Ludwig Sand. Gemälde von Josef Moosbrugger. Archiv und Bücherei der Deutschen Burschenschaft, Koblenz
S. 85	Reisepass Carl Ludwig Sands. Archiv und Bücherei der Deutschen Burschenschaft, Koblenz
S. 87	Stammbuch der Wartburg. Foto: Mirko Krüger

S. 89	August von Kotzebue. Porträt auf einem zeitgenössischen Theaterzettel. TA-Archiv
S. 90–91	Sand ermordet Kotzebue – Sand versucht, sich zu entleiben – Sand wird hingerichtet. Zeitgenössische anonyme Stiche. Stadtarchiv Mannheim, Institut für Stadtgeschichte
S. 92	Grabstein der Eheleute Erbe auf dem Kirchhof von Hayn. Foto: Alexander Volkmann
S. 96–97	Kirchbuch von Hayn, Eintrag Todesdaten der Eheleute Erbe. Foto: Mirko Krüger
S. 98	Theodor Storm. Denkmal von Werner Löwe (Ausschnitt) vor dem Literaturmuseum in Heiligenstadt. Foto: Eckhard Jüngel
S. 101	Amtliche Verfügung Theodor Storms gegen den Magistrat von Heiligenstadt. Stadtarchiv Heiligenstadt
S. 104–105	Turmuhr des Ohrdrufer Schlosses. Foto: Mirko Krüger, Bearbeitung: A. Wetzel
S. 107	Die Suhler Straße in Ohrdruf. Foto: Mirko Krüger
S. 108	Friedhof der Stadt Ohrdruf. Foto: Stadt Ohrdruf
S. 109	Ernst Haeckel. Foto: TA-Archiv
S. 111	Karl (Karoline) Hopf. Foto: privat
S. 112	Steckbrief aus dem »Thüringer Waldboten«. Foto: Mirko Krüger
S. 166–117	Der Steinberg (Uhufelsen) bei Rudolstadt. Foto: Mirko Krüger
S. 119	Der Rudolstädter Verein Literaria. Stadtarchiv Rudolstadt
S. 121	Das Haus in Rudolstadt, in dem Rudolf Ditzen (Hans Fallada) als Gymnasiast wohnte. Foto: Mirko Krüger
S. 123	Der Eichfelder Gasthof. Foto: Mirko Krüger
S. 124	Kugel aus der Waffe Ditzens. Staatsarchiv Rudolstadt. Foto: Mirko Krüger
S. 125	Das Fridericianum in Rudolstadt. Foto: Mirko Krüger
S. 126–127	Die Titanic. Foto: TA-Archiv
S. 130	Max Dittmar. Zeichnung (Frontispiz) in der Erstausgabe seiner Memoiren »Ein Menschenalter auf dem Meere« (Berlin 1926).
S. 131	Revolver vom Typ »Webley & Scott«. Foto: adamsguns.com
S. 133	Rettungsboote verlassen die sinkende Titanic. Zeitgenössische Darstellung von Willy Stöwer in der »Gartenlaube«
S. 135	Adler auf der Festung Petersberg. Foto: Mirko Krüger
S. 136–140	Aus dem Verbrecheralbum Eisenach um 1920. Privatsammlung Volker Heim. Foto: Mirko Krüger
S. 141	Alphonse Bertillon. Selbstporträt 1900
S. 142–143	Schloss Friedenstein. Foto: Peter Riecke
S. 145	Das Echternacher Evangeliar. Foto: Germanisches Nationalmuseum Nürnberg

S. 147	Philipp der Gute von Burgund. Porträt (Kopie) von Rogier van der Weyden. Stiftung Schloss Friedenstein
S. 148	Herzog Carl Eduard von Sachsen-Coburg-Gotha. Foto 1915. Stiftung Schloss Friedenstein
S. 150	Löwenkanne um 1300 aus Sachsen oder Thüringen. Foto: Stiftung Schloss Friedenstein
S. 152–153	Bloesche treibt Juden aus ihren Häusern im Warschauer Ghetto. Foto von 1943. TA-Archiv
S. 156	Das Weimarer Stadtschloss. Foto: Marco Kneise
S. 157	Fenster der Galerie des Weimarer Stadtschlosses. Foto 1992: Wolfgang Kiesel
S. 159	Junker Jörg (Martin Luther auf der Wartburg) und Sibylle von Cleve. Gemälde von Lukas Cranach. Fotos: Klassik-Stiftung
S. 160	Olympia-Kleinschreibmaschine (um 1940). Erfurter Stadtmuseum. Foto: Jens König
S. 162	Dienstausweis Iwan Demjanjuk. Archivfoto: US-Justizministerium

Paul-Josef Raue (Hrsg.)
Meine Wende
Wie Thüringer die friedliche Revolution meisterten

Thüringen Bibliothek, Band 1
176 Seiten, zahlreiche farbige Abbildungen
ISBN 978-3-8375-0529-0, 12,95 €

Thüringer erzählen von ihrer Wende, von der Wende in den Seelen der Menschen – zwischen Wundscheuern und Heilung, Angst und Hoffnung. Wir spüren das starke Beben und leichte Zittern, wir schauen auf das wirkliche Leben in einem historischen Umbruch.

»Meine Wende« lief als Serie in der Thüringer Allgemeinen, der größten Zeitung in Thüringen. Die Redakteure lassen in der Serie Menschen erzählen, wie sie von der alten in die neue Zeit eilten, sprinteten, krochen, rutschten, stolperten, hüpften – oder sich einfach verweigerten.

KLARTEXT